KB272676

따뜻한 하루를 시작합니다

따뜻한 하루를 시작합니다

따뜻한하루 지음

국일미디어

프롤로그

살아간다는 것은

어쩌면 아주 작은 순간들을 지나치는 일인지도 모릅니다.

손에 쥐고도 그 무게를 느끼지 못한 채

주머니 속에서 조용히 서로 부딪히는 동전처럼,

마주하고도 그 의미를 알지 못한 채

그저 스쳐 지나가는 수많은 순간들처럼.

우리는 그렇게,

무수한 순간들 위를 걸어갑니다.

하지만 어떤 순간은 그저 지나가지 않습니다.

아주 오래전, 아무렇지 않게 내밀었던 작은 손길이

시간을 건너 다시 돌아와

지금의 나를 만들어주기도 하고,

아무도 보지 않는 곳에서 조용히 나누었던 마음이

사라지지 않고 남아
한 사람의 삶을 은은하게 밝혀주기도 합니다.

삶은 거대한 사건으로 이루어지는 것이 아니라,
대부분은 그렇게 사소해서 쉽게 잊히는 순간들로
이루어져 있습니다.
그리고 이상하게도,
우리를 끝내 지탱해주는 것은
바로 그런 순간들입니다.

따뜻한하루는 오랫동안
하루의 끝자락에서, 혹은 하루의 시작에서
한 통의 편지를 전해왔습니다.
누군가의 바쁜 하루 사이로 조용히 스며들어,
잠시 멈춰 서서 자신의 마음을 돌아보게 하고,
잊고 있던 온기를 떠올리게 하고,
아직 사라지지 않은 따뜻함이
우리 안에 남아 있음을 기억하게 하는 편지였습니다.

우리는 특별한 이야기를 쓰지 않았습니다.

대신, 누구에게나 있었지만
너무 작아서 미처 이름 붙이지 못했던 순간들을
조심스럽게 건네왔습니다.

누군가의 망설임 속에서 피어난 용기,
누군가의 침묵 속에 담긴 다정함, 사랑,
그리고 누군가의 평범한 하루 속에 숨어 있던 기적, 감사.
그 순간들은 크지 않았지만,
분명히 존재했고,
그리고 누군가의 삶을 조금씩 바꾸고 있었습니다.
이 책은 그런 순간들을 모아놓은
하나의 작은 등불입니다.

이 등불이 여러분의 하루를 환하게 밝히지는 못할지라도,
잠시 멈춰 서서 자신의 마음을 들여다볼 수 있는
조용한 빛이 되기를 소망해봅니다.
그리고 그 빛 속에서,
여러분이 이미 가지고 있던 따뜻함을
다시 발견하게 되기를 바랍니다.

우리가 살아가는 동안

수없이 많은 것들이 사라지지만,

끝내 사라지지 않고 남는 것은

누군가에게 건넸던 마음과

누군가에게 받았던 마음이라는 것을.

이 책을 덮는 순간,

여러분의 오늘이

어제보다 조금 더 따뜻해져 있기를 바랍니다.

그리고 그 따뜻함이

또 다른 누군가의 하루로 조용히 건너가기를,

잃었던 길을 찾고 다시 용기 내어

걸어갈 수 있기를 바랍니다.

그렇게 우리의 하루가

서로의 마음 속에서

오래도록 빛나기를 바랍니다.

– 따뜻한하루 대표 김광일 드림

추천사

지친 하루를 마치고 돌아온 당신에게
이 책을 가만히 전해주고 싶습니다.
거창한 위로보다 더 힘이 되는 건, 우리 곁에 숨어 있는
작고 소박한 선의(善意)들이니까요.
책장을 넘기다 보면 어느새 차가웠던 마음이
온기로 물드는 것을 느낄 수 있을 거예요.
이 속에 담긴 이야기들이 여러분의 하루를 지탱하는
작은 빛이자, 다시 일어설 용기가 되기를 소망합니다.

– 배우 이태란

한 편 한 편, 문장을 소리 내어 읽는 동안
따뜻한 숨결이 저를 간지럽히고
마음을 울리는 여진이 되었습니다.
이 책을 낭독하며 저는 여러 번 멈추어 섰습니다.
어떤 문장은 하염없이 미소짓게 했고,
어떤 문장은 망연히 머무를 수 밖에 없었기 때문입니다.
이 책이 누군가에게 조용히 건네는 한통의 편지처럼
여러분의 마음에도 따뜻하게 가닿기를 바랍니다.
그리고 책을 덮은 후에도 그 온기가
오래도록 남았으면 좋겠습니다.

– 성우 문선희

"따뜻한 하루를 시작합니다"는
어느 페이지를 펼쳐 읽어도
우리 마음속 묵은 때를 말끔히 씻어내 줍니다.
복잡한 세상사로 뒤엉킨 감정을 정화하고,
차가웠던 우리의 마음을 따뜻하게 되돌려 놓는 이 책을
여러분 곁에 오래 두셨으면 합니다.
한꺼번에 읽기보다는 마치 포춘 쿠키를
하나씩 꺼내 보는 마음으로 매일의 편지를 마주해 보세요.
그리고 그 글로 여러분의 삶이 따뜻한 실천과 행동으로
이어지기를 진심으로 바랍니다.

– 배우 김종수

당신은 잘 걷고 있나요? 잘 가고 있나요?
제대로 걷고 있는건지 모르겠고 불안한가요?
내일이 보이지 않고 막막하신가요?
이 책은 그런 여러분의 마음에 쉼을 주고 나아갈 방향을 제시해 줍니다.
마음의 근육을 키우고 싶다면, 바쁠수록 힘들수록 읽어보시길 권합니다.

– 배우 성병숙

나눔은 잃는 것이 아니라,
모두를 더 크게 만드는 선택입니다.
작은 친절 하나, 작은 배려 하나가
우리의 하루를 바꾸고, 세상을 변화시킵니다.
나눔의 가치를 다시 깨닫게 해주는 이 책을 통해 많은 분들이
진정한 사랑과 마음의 여유와 따뜻함을 회복하길 바랍니다.
여러분들의 작은 실천의 시작이 우리의 삶을,
그리고 세상을 더욱 아름답게 만들 것입니다.

– 스파더엘 대표 이미나

목차

1부

내가 먼저 봄이 되자

2부

뜨겁게 사랑하고 뜨겁게 노력하자

3부

감사의 넝쿨을 가꾸자

4부

계속되는 눈보라는 없다, 이또한 지나간다

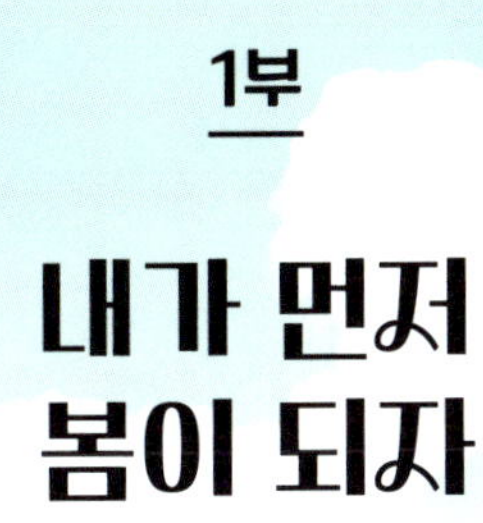

1부

내가 먼저
봄이 되자

001

내가 먼저
봄이 되어야지

어떤 남자가 이사를 가게 되었습니다.

이삿짐을 옮기고 짐을 정리하려고 하는데

갑자기 마을 전체가 정전이 되어 버렸습니다.

남자는 더듬거리며 수북한 짐 사이에서

양초 하나를 겨우 찾았습니다.

그 때 '똑똑'하며 문 두드리는 소리가 들렸습니다.

현관문을 열어보니 한 아이가 서 있었습니다.

그 아이는 인사와 함께 말을 건넸습니다.

"아저씨 양초 있으세요?"

아이의 말을 듣자 남자는 생각했습니다.

'이사 오자마자 나에게 양초를 빌려달라고 하다니

만일 지금 양초를 빌려주면 앞으로도 계속해서

이것저것 빌려 달라고 하겠군.'

이에 양초가 없다고 말하며

문을 닫으려는 순간 아이가 급하게 말했습니다.

"잠깐만요, 아저씨!

이사 온 첫날부터 불이 나가서 불편하실 것 같아서

양초를 드리려고 왔어요!"

이 말과 함께 아이는 양초 두 개를 내밀었습니다.

남자는 좀 전에 생각했던 것들이 부끄러워져

아이의 눈을 바라볼 수 없었습니다.

자신이 어떤 사람인지에 따라

타인과 세상이 달라 보인다고 합니다.

삭막한 세상을 살다 보면

때론 순수한 배려와 호의를 잊기도 하고

스스로 손해 보지 않으려 더 움켜쥐게 되는 것이죠.

하지만 내가 먼저 바뀌어 선의를 행한다면
세상과 타인의 마음을 밝히는 등불이
될 수 있을 것입니다.

누구에게 다가가 봄이 되려면,
내가 먼저 봄이 되어야지.

- 이해인 수녀 -

 따뜻한 하루를 시작합니다

002

수학 문제와
케이크

한 수학 교사에게 쌍둥이 자녀가 있었습니다.
자녀들은 어머니의 재능을 물려받았는지
모두 수학을 잘했습니다.
아이들의 재능을 키우고 싶었던 어머니는
두 아이에게 경쟁심을 부추겼습니다.

어느 날 어머니는 두 아이에게
어려운 수학 문제와 함께
맛있어 보이는
조각 케이크를 주며 말했습니다.
"오늘 간식은 너희들이 좋아하는 케이크야.

하지만 이 수학 문제를 먼저 푸는 사람에게만

이 케이크를 줄 거야.”

두 아이는 모두 열심히 문제를 풀었지만

간발의 차이로 큰아이가 먼저 풀었습니다.

어머니는 약속대로 큰아이에게만

케이크를 주었습니다.

그러자 울상이 된 동생과 케이크를 바라보던 큰아이는

케이크를 뚝 잘라 절반을 동생에게 주며

엄마에게 말했습니다.

“엄마, 이 케이크를 내가 전부 가지면 +1이고

동생이 못 가지면 -1이에요.

그러면 결국 제로(0)가 되는 거 아닌가요.

하지만 이렇게 둘이 절반(0.5)씩 가지면

+1이 되는데 이것이 더 이득 아닌가요?”

이 말을 들은 어머니는 자신의 어리석음을

크게 반성하며 두 자녀를 안아줬습니다.

제로섬 게임이란 게임에 참여한

모든 참가자의 점수를 전부 합산하면

제로(0)가 되는 게임입니다.

누군가가 얻는 만큼 반드시 누군가가 잃게 됩니다.

하지만 나눔에서는 제로가 되지 않습니다.

나눔을 통해서는 오히려 행복의 크기를

더 키울 수 있기 때문입니다.

> 베풂은 기술이다. 그러므로 연습이 필요하다.
> 다른 사람과 나누지 않는다면
> 당신이 가진 물질적, 정서적 소유물은
> 아무런 소용이 없다.
>
> – 마크 샌번 –

003

작은 친절,
큰 기적

미국 캔자스시티에는 '얼굴 없는 산타'로 불리는
래리 스튜어트(1948~2007)가 있었습니다.
한때 성공한 사업가였던 그는 사업 실패로
하루아침에 노숙자가 되었습니다.

추운 겨울, 배고픔을 견디지 못한 그는
돈 한 푼 없이 식당에 들어가 음식을 주문했습니다.
계산할 돈이 없어 지갑을 잃어버린 척하자,
주방장은 20달러를 건네며 말했습니다.
"손님, 바닥에 돈을 떨어뜨리신 것 같습니다."

그 따뜻한 친절은 그의 인생을 바꿨습니다.

그날 이후, 그의 크리스마스는

'받는 날'이 아닌 '나누는 날'이 되었습니다.

그렇게 그가 26년 동안 나눈 금액은

약 150만 달러에 달했습니다.

식도암 투병 중이던 2007년 마지막 해에도

그는 여느 때처럼 거리로 나가 어려운 사람들에게

돈을 나눠주며 선행을 베풀었습니다.

그가 세상을 떠난 뒤, 그의 뜻을 이어

'비밀 산타 재단'이 만들어졌으며

지금도 미국 곳곳에서 수많은 얼굴 없는 산타들이

그가 남긴 따뜻한 마음을 이어가고 있습니다.

가장 어려운 선행은 누구도 알아주지 않고,

아무도 보지 않는 곳에서 실천하는 선행인 것 같습니다.

보이는 곳에서 한다고 해서

선행의 의미가 퇴색한다는 것은 아닙니다.

문제는 보이지 않는다고 하여

외면하는 것에 있을 것입니다.

보이지 않는 곳에서 선행을 실천하는 분들이 늘어난다면

세상은 지금보다 훨씬 밝아지지 않을까요?

힘든 시기를 보내고 있는 사람들에게

작은 마음이라도 따뜻하게 나누는 분들이

많이 생겼으면 좋겠습니다.

남에게 선행을 하는 것은 의무가 아니라 기쁨이다.
그것은 그렇게 하는 사람의 건강과 행복을 증진시킨다.

- 조로 아스터 -

004

이혼 위기
극복

결혼 8년 차인 부부가 이혼 위기에 처했습니다.

부부 사이에 큰 이유는 없는 거 같은데

아내 입에서 이혼하자는 얘기가 먼저 나왔습니다.

회사 생활과 여러 집안일로 지쳐 있던

남편도 그러자고 했습니다.

부부는 그날 이후로 각방을 쓰고 말도 안 하기 시작했습니다.

결국, 대화가 없으니 서로에 대한

불신은 갈수록 키졌습니나.

그러기를 몇 달…

남편은 퇴근길에 과일 파는 아주머니를 만났습니다.

오늘은 귤이 너무 달고 맛있다며

꼭 사가라는 부탁에 할 수 없이 귤 한봉지를 샀습니다.

귤을 주방 탁자에 올려놓고

욕실로 들어가 샤워하고 나왔는데,

아내가 가만히 귤을 까먹고 있었습니다.

"귤이 참 맛있네."

그렇게 몇 개를 까먹더니 자기 방으로 쏙 들어갔습니다.

남편은 순간 당황했지만,

이내 미안한 마음이 들었습니다.

결혼 전부터 아내가 귤을 참 좋아했는데

생각해 보니 8년 동안 내 손으로 귤을 한 번도

사다 준 적이 없었던 것입니다.

남편은 그 순간 뭔가 깨달음이 있었습니다.

예전 연애할 때, 길 가다가 귤 파는 곳이 보이면

꼭 몇천 원어치 사서 핸드백에 넣고

하나씩 사이좋게 까먹던 기억이 났습니다.

남편은 마음이 울컥해져서 방으로 들어가

한참을 울었습니다.

결혼 후에 아내가 좋아하는 것에 대해

전혀 신경을 쓰지 않았다는 것을 깨달은 것입니다.

아이 문제와 살기 바쁘다는 이유로 말입니다.

반면 아내는 남편을 위해 철마다 보약에,

때마다 남편이 좋아하는 반찬을 만들어주었습니다.

며칠 후, 퇴근길에 과일 가게를 다시 찾았습니다.

남편은 제일 맛있어 보이는 귤 한 바구니를 샀습니다.

그리고 집에 들어와 주방 탁자에 올려놓았습니다.

"귤이 참 맛있네."

아내는 이번에도 가만히 귤을 까먹고 있었지만,

얼굴에는 미소가 가득했습니다.

작은 일로 상처를 받기도 하지만

작은 일에 감동하는 사이가 바로 '부부'입니다.

> 사랑하는 사람과 사는 데에는 하나의 비결이 있다.
> 상대를 변화시키려고 해서는 안 된다는 것이다.
>
> - 샬돈느 -

005

신상구(慎桑龜)의 유래

말 한마디가 나 자신을 지키기도 하고
해치기도 한다는 뜻을 가진
고사성어 '신상구(慎桑龜)'의 유래가 재미있습니다.

옛날 옛적, 바닷가 작은 마을에
효심 깊은 한 젊은이가 살고 있었습니다.
그의 아버지는 오랜 병환 끝에 점점 기력이
쇠해져만 갔습니다.
젊은이는 아버지의 병을 낫게 하고자
최선을 다해 방법을 찾아다녔습니다.

그러던 어느 날, 마을 어른들로부터

오래 산 거북이를 끓인 물을 마시면

병이 나을 수 있다는 이야기를 듣게 되었습니다.

젊은이는 거북이가 있을 만한 곳으로 향했고,

그곳에서 천 년은 족히 살았을 법한

거대한 거북이를 발견했습니다.

혼자 힘으로 옮기기엔 무거운 거북이를

지게에 실어 집으로 돌아오는 길,

젊은이는 땀이 비 오듯 쏟아져 뽕나무 아래에

털썩 주저앉았습니다.

잠시 숨을 고르는 사이, 거북이가 천천히 입을 열었습니다.

"나는 솥에 백 년을 끓여도 죽지 않는다."

그 말을 듣고 있던 뽕나무가 잘난 척을 하며

젊은이에게 조용히 속삭였습니다.

"나를 장작으로 사용하면 죽지 않는 것이 없어요.

저 거북이도 금세 죽을 거예요."

젊은이는 뽕나무의 말을 깊이 새기지 못한 채

집으로 돌아와 거북이를 솥에 넣고 끓이기 시작했습니다.

그런데 아무리 불을 때도 거북이는 꿈쩍도 하지 않았습니다.

그제야 뽕나무의 말이 떠올랐습니다.

서둘러 다시 숲으로 달려가

뽕나무를 잘라 와 장작으로 불을 피웠습니다.

그러자 거북이가 서서히 움직임을 멈추었고,

거북이 끓인 물을 아버지께 드릴 수 있었습니다.

덕분에 아버지의 오랜 병도 조금씩 나아가기 시작했습니다.

거북이가 자기 자랑을 하지 않았다면 죽지 않았을 것이고,

뽕나무도 자랑을 하지 않았다면 장작이 되지 않았을 것입니다.

말 한마디는 나를 지키는 힘이 되기도 하고

때로는 나를 무너뜨리고 상처를 입히는 칼날이 되기도 합니다.

항상 조심스럽고 따뜻한 마음으로

말을 선택할 수 있으면 좋겠습니다.

❝ 오늘의 명언 ❞

밑 빠진 항아리는 막을 수 있지만,
코 밑에 가로놓인 입은 막기 어렵다.

– 명심보감 –

006

항상
남의 탓만 한다

어느 마을에 결혼한 지 10년이 넘은 두 부부가
옆집에 나란히 살고 있었습니다.
그런데 두 부부가 사는 것은 정반대였습니다.
한 부부는 하루가 멀다고 부부싸움을 하고,
다른 부부는 시부모님에 두 아이까지 함께 살지만,
언제나 웃음이 넘쳐났습니다.

늘 싸움하던 부부는 옆집을 찾아가
화목한 비결을 묻기로 했습니다.
"많은 식구가 한집에서 사는데
어떻게 싸움 한 번 하지 않는 건가요?"

“아마도 우리 집에는 잘못한 사람들만
살고 있어서 그런 것 같습니다.”

옆집 남편의 대답을 들은 부부는
궁금해서 다시 물었습니다.
“잘못한 사람들만 산다니요?
그게 무슨 말인가요?”

그러자 옆집 남편이 미소를 머금고 조용히 대답했습니다.
“가령 제가 방 한가운데 놓여 있던
물그릇을 실수로 발로 차 엎었을 때,
저는 내가 부주의해서 그랬다며 잘못했다고 합니다.
그러면 아내는 빨리 치우지 못한 자기 잘못이라고 말합니다.
어머니는 물을 달라고 한 당신 잘못이라고 말합니다.
이렇게 모두 자신이 잘못한 사람이라고 말하니
싸움하고 싶어도 할 수 없지 않겠습니까?”

좋은 건 내 덕분!
나쁜 건 네 탓!
이것은 언쟁의 지름길입니다.

좋은 일이 있을 때 '당신 덕분에'

좋지 않은 일이 있을 땐 '괜히 저 때문에'라는

말로 시작해 보세요.

다른 사람을 탓하는 사람은 아직 갈 길이 멀었고
자신을 탓하는 사람은 절반쯤 온 것이며
아무도 탓하지 않는 사람은 이미 도착한 것이다.

- 중국 속담 -

007

대화하는 가족이
행복하다

엄마는 몇 년 전부터 택시 운전을 하시는데
어느 주말 엄마에게서 전화가 왔습니다.
별로 중요하지도 않은 드라마 얘기에서부터
어제 택시 운전 중이었던 이야기를 하셨습니다.

저는 남자 친구와 함께 점심을 먹고 있었기에
통화가 길어지는 것이 미안하기도 하고 해서
"엄마, 뭐 그런 얘길 지금 해? 집에서 얘기하자!"
라고 말하곤 끊어버렸습니다.
그러고 나서 놀다 보니 저녁 늦게
집으로 들어가게 되었습니다.

그런데 집안 분위기가 이상했습니다.

언니가 내 팔을 끌고는 방으로 데리고 들어갔습니다.

엄마가 언니한테도 전화했는데 나처럼 화를 내고 끊어서

마음이 상한 엄마가 우셨다는 겁니다.

엄마는 택시 운전을 하다 보니 늦게 들어오는 날도 많고

쉬는 날도 일정치 않았습니다.

오늘 오랜만에 쉬게 되어서

가족들과 함께 시간을 보내고 싶으셨던 것입니다.

그런데 두 딸이 집에 없으니 전화를 했는데

딸들이 모두 귀찮아하고 화를 내며 전화를 끊었던 것입니다.

저는 '엄마가 얼마나 속상하셨을까' 생각하니

너무 죄송한 마음이 들었습니다.

저와 언니는 조용히 안방 문을 열고 들어갔습니다.

엄마는 등을 돌린 채 누워 계셨습니다.

"엄마 미안해, 우리가 엄마 마음을

너무 몰랐던 것 같아."

가만히 듣고 있던 엄마의 어깨가 들썩였습니다.

저는 죄송한 마음에 뒤에서 엄마를 꼭 안아드렸습니다.

엄마는 그렇습니다.

재미는 없지만 그냥 시시콜콜한 이야기를 더 좋아합니다.

내가 오늘 뭘 했는지, 누굴 봤는지,

어딜 갔는지, 뭘 먹었는지….

오늘 엄마에게 시시콜콜한 이야기

한 번 해보는 건 어떨까요?

자녀가 맛있는 것을 먹는 것을 보고 어머니는 행복을 느낀다.
자녀가 좋아하는 모습을 보는 것이 어머니의 기쁨이다.

- 플라톤 -

008

누구를
태울 것인가?

어느 회사의 신입사원 채용 면접에서

한 면접관이 지원자들에게 질문을 했습니다.

"폭풍우가 몰아치는 밤,

운전하는 당신의 눈앞에 버스정류장이 보입니다.

정류장에는 당장 병원에 모셔가야 할 것 같은 할머니와

당신의 죽을병을 낫게 해 준 생명의 은인인 의사,

그리고 당신이 꿈에 그리던 이상형의 여인

이렇게 세 명이 서 있습니다.

그중 한 명만 차에 태울 수 있다면,

당신은 누구를 태울 것입니까?"

다른 지원자보다 스펙에서 부족한 게 많았던 사람이

합격을 한 이유는

면접관의 질문에 이렇게 대답했기 때문이었습니다.

"저는 생명의 은인인 의사 선생님께 차키를 내어 드린 뒤,

할머니를 모시고 병원에 가달라고 부탁드리겠습니다.

그리고 정류장에서 이상형의 여인과 함께

버스를 기다리겠습니다."

다른 지원자는 비바람을 피하고자

끝까지 자동차를 고집할 때

그는 자동차를 포기했던 것입니다.

삶이란 무언가를 '바라기'와 '버리기'의

치열한 싸움입니다.

잡고 있는 것과 들고 있는 것이 많으면 손과 팔이 아픕니다.

이고 있는 것과 지고 있는 것이 많으면 목과 어깨가 아픕니다.

보고 있는 것이 많으면 눈이 아프고

생각하고 있는 것이 많으면 머리가 아픕니다.

그리고 품고 있는 것이 너무 많으면 가슴이 아픕니다.

 따뜻한 하루를 시작합니다

우리가 아픈 것이 많은 것은

많은 것을 바라고, 갖고 있기 때문입니다.

내 인생의 가장 행복한 결심은

바로 '내려놓음'입니다.

그릇은 비어 있어야만 무엇을 담을 수가 있다.

- 노자 -

009

남의 탓으로
돌리지 말자

내가 차에 타고 있으면 길을 건너는 사람이 느리다고 욕하고,

내가 건널목을 건너고 있으면

'빵빵'대는 운전자를 향해 욕합니다.

내가 길을 건널 때는 모든 차가 멈춰 서야 하고,

내가 운전할 때는 모든 보행자가 멈춰 서야 합니다.

타인이 무단 횡단하는 것은

목숨을 가볍게 여기는 경솔한 행동이고

내가 무단 횡단하는 것은

목숨마저 아깝지 않을 만큼 급한 일이 있기 때문입니다.

복잡한 버스나 지하철에서 나를 밀치는 것은

자신만 편하기 위한 이기적인 욕심 때문이고

내가 남을 밀치는 것은

다른 사람이 밀쳐서 생긴 어쩔 수 없는 상황입니다.

타인이 새치기하는 것은 파렴치한 얌체 행동이고

내가 새치기하는 것은 급하니 어쩔 수 없는 행동입니다.

주말에 여행할 때 타인은 대중교통을 이용해야 하고,

나는 짐이 많고 불편해서 자동차를 이용해야 합니다.

타인이 단체 생활을 싫어하는 것은 고립적 성격 탓이고,

내가 단체 생활을 싫어하는 것은 독립적 성품 탓입니다.

살면서 내 마음이 메마르고 외롭고 부정적인 일로 인해서

어려움에 직면할 때마다 나는 늘 다른 사람을 보았습니다.

그렇게 다른 사람을 탓하면서 나를 위로하곤 했습니다.

그러나 이제 보니 남 때문이 아니라

내 속에 사랑이 없었기 때문이라는 것을 알게 되었습니다.

66 오늘의 명언 99

> 과거의 탓, 남의 탓이라는 생각을 버릴 때
> 인생은 호전한다.
>
> - 웨인 다이어 -

010

돈이란
써야 돈값을 한다

여성 사회 사업가로 유명한 백선행(1848~1933)은

수원에서 태어나서 7세 때 아버지를 여의고

딸이라는 이유로 이름도 갖지 못하고 지냈으며

홀어머니 밑에서 자라 14살 이른 나이에 결혼했으나

2년 후 남편이 세상을 떠났습니다.

그러나 그녀는 삯바느질과 길쌈 등

고된 일을 마다하지 않으며 열심히 일해 부자가 됐습니다.

1917년, '좋은 땅이 있으니 사라'는 제안에

백선행은 대동강 건너편 만달산을 거액에 샀습니다.

그런데 알고 보니 그곳은 풀 한 포기 없는 돌산이었습니다.

그녀가 살던 평양 시내엔

그녀가 망했다는 소문이 사방으로 퍼졌습니다.

주변에서 차라리 땅을 다시 팔아버리라고 했지만

그녀는 생각했습니다.

'사기가 맞다면 다른 이에게 손해 보게 하지 말고

그냥 내 선에서 끝내버리자.'

그러던 어느 날, 돌산을 사려는 사람이 나타났습니다.

시멘트 사업가인 일본인 오노다였습니다.

알고 보니 시멘트 제조에 필요한 석회석이

그 돌산에 풍부했던 것입니다.

그녀는 20배 넘는 가격으로 돌산을 되팔았고

그곳엔 우리나라 최초의 시멘트 공장이 세워졌습니다.

사람들은 모두 정직하고 착실하게 일한 그녀를

하늘이 도운 것이라고 말했습니다.

"어려운 사람들을 만나면 도와줘라.

그러면 너에게 그 선행이 반드시 돌아온다."

그녀는 어머님의 이 유언을 실천하기 위해

평양시 대동군에 큰 다리를 만들어줬습니다.

그리고 한평생 학교에 다니지 못했기에
어린 학생들이 배우지 못하는 설움을 갖지 않도록
광성 보통학교, 창덕 보통학교, 평양 숭현학교 등에
약 4만 평의 땅을 기부하여 재단법인의 기초를 세웠습니다.
크고 작은 선행을 베풀었던 그녀를
훗날 사람들은 '백선행'이라고 불렀습니다.

그녀는 현재 가치로 300억이 넘는 금액인
전 재산을 평생에 걸쳐 사회사업에 바쳤습니다.
그녀가 죽은 후에 1만여 명이 넘는 사람이 모였고
장례식은 한국 여성 최초로 '사회장'으로 치러졌습니다.

돈은 버는 것보다 쓰는 것이 중요합니다.
정말 지혜로운 사람은 당장 눈에 보이는 것이 아니라
눈에 보이지 않더라도 더 중요한 가치에 돈을 씁니다.

66 오늘의 명언 99

돈이란 써야 돈값을 한다.
쓰지 않는 돈을 모아서 무엇에 쓰려는가.

– 백선행 –

어른의
조건

음식은 시간이 흐르면 부패하기 마련입니다.

하지만 발효가 되어 더욱 맛있어지고,

건강에도 유익한 유산균이 생기는 식품도 있습니다.

이처럼 사람도 헛되이 세월만 흘려보내

나이만 먹어가는 노인이 있는 반면에,

세월과 함께 내면에 깊이가 생긴 어른이 있습니다.

진정한 어른은 그의 삶을 통해서

우리가 어떠한 인생을 살아야 하는지를 잘 보여줍니다.

그들의 인생을 보면서

'나도 저런 어른이 되고 싶다'는

마음이 들게 하는 사람이 진짜 어른인 것입니다.

그렇다면 노인과 어른은 어떤 차이가 있을까요?

노인은 허송세월을 흘려보낸 사람이지만,

어른은 나이가 들수록 성숙해지는 사람입니다.

노인은 자신밖에 챙길 줄 모르지만,

어른은 넓은 아량으로 주변을 챙기고 항상 배려합니다.

노인은 더 이상 배우려고 하지 않지만,

어른은 젊은 사람에게도 끊임없이 배우려고 합니다.

노인은 끝없는 욕심을 채우려고만 하지만,

어른은 자신을 비우고 나누어줍니다.

노인은 '나'와 '타인'을 늘 비교하지만,

어른은 나만의 아름다움을 찾아가는 사람입니다.

노인은 매일 거울을 보며

자신의 늙어가는 모습에 슬퍼하지만,

어른은 가득 찬 내면을 볼 줄 알며,

이에 기뻐하는 사람입니다.

백구과극(白駒過隙)은

 따뜻한 하루를 시작합니다

흰 망아지가 빨리 지나가는 순간을

문틈으로 언뜻 본다는 뜻으로,

세월과 인생이 덧없이 짧음을 비유적으로

일컫는 말입니다.

설령 지금은 젊다고 할지라도

눈 깜짝하는 사이에 인생은 멀리 가기 마련입니다.

그러므로 진정한 '어른의 조건'을 갖추었는지

삶의 자리를 항상 돌아보아야 합니다.

당신은 나이만큼 늙는 것이 아니라,
당신의 생각만큼 늙는 것이다.

- 조지 번스 -

012

여우와
농부

옛날 어느 마을에 농부가 살고 있었습니다.

그러던 어느 날 여우가 나타나 농부네 닭장에서

닭을 물어갔습니다.

'여우가 오죽 배가 고팠으면 닭을 물어갔을까!'

하지만 이튿날에도 여우가 나타나서 닭을 물어갔는데

이번에도 농부는 한 번 더 참기로 했습니다.

그런데 얼마 후 또 닭을 물어가자 농부는

더 이상은 참지 못하고 덫을 놓아 여우를 잡았습니다.

농부는 그냥 죽이는 것으로는

분이 풀리지 않아서 여우꼬리에 짚을 묶은 후

불을 붙여 고통을 주려고 했습니다.

화들짝 놀란 여우가 뛰어간 곳은

농부가 1년 내내 땀 흘려 농사를 지은 밀밭이었습니다.

여우가 지나갈 때마다 불길이 계속 번졌고

밀밭은 순식간에 잿더미로 변했습니다.

'참을 인(忍) = 칼날 인(刃) + 마음 심(心)'

두 한자가 합쳐진 참을 인(忍)을 해석하면

'가슴에 칼을 얹고 있다'는 뜻으로

결국 칼날은 참지 못하는 자를

먼저 찌른다는 뜻입니다.

사람은 완전하지 않기 때문에

감정을 억제하지 못하고 충동적으로 행동할 때도 많습니다.

그러나 분노한 대로 말하고 행동한다면

책임은 나에게 돌아올 것입니다.

> 66 **오늘의 명언** 99

모든 문제에는 인내가 최고의 해법이다.

– 플라우투스 –

013

너는 커서
무엇이 되고 싶니?

2차 대전 때 굶주림과 두려움에 떨면서

힘든 유년 시절을 보낸 한 여자아이가 있었습니다.

아이는 가난한 환경에서 어머니와 단둘이 성장했습니다.

특히 전쟁 중이라 먹을 것이 없어

땅에 난 풀과 튤립 뿌리, 물로 굶주린 배를 채워야 했습니다.

그리고 한 구호단체의 도움으로 겨우 생명을 유지했습니다.

그로부터 20여 년의 세월이 흘렀습니다.

그 소녀는 훗날 세계적인 영화배우가 되었는데

바로 오드리 헵번입니다.

그녀가 에티오피아 난민촌에 방문했을 때였습니다.

굶주린 아이들을 돕고 있었는데 한 아이에게 물었습니다.

"너는 커서 무엇이 되고 싶니?"

"살아 있는 거요….."

그 순간 그녀는 아무 말도 할 수가 없었습니다.

배고픔의 혹독함을 누구보다도 잘 알고 있었기에

이후 그녀는 굶주리는 아이들을 돕는 일에 발 벗고 나섰습니다.

사랑은 죽어가는 생명을 살립니다.

사랑은 절망의 땅에서 희망의 꽃을 피웁니다.

세상은 '나의 필요'를 위해서가 아니라

'나를 필요'로 하는 사람들을 위해서

그 모든 노력과 희생을 감당하는 사람들이 있기에

여전히 따뜻하기만 합니다.

❝ 오늘의 명언 ❞

절망의 늪에서 나를 구해준 것은 많은 사람의 사랑이었다.
이제 내가 그들을 사랑할 차례다.

- 오드리 헵번 -

014

나부터
바꿔라

어떤 남자가 자주 가는 식당이 있었는데

거기 종업원이 유독 자신에게만 불친절하다고 생각했습니다.

그러던 어느 날,

여느 때와 다름없이 그 식당에 들렀는데

이번에도 자신에게만 불친절하게 대하는 것이었습니다.

기분이 나빠진 남자는 참아왔던 감정이 폭발했습니다.

"아니, 도대체 왜 나한테만 그렇게 불친절한가요?"

그러자 종업원은 억울해하며 말했습니다.

"저는 다른 손님들과 항상 똑같이 대했는데

언제나 선생님이 굳은 표정으로 저를 대하셨어요."

남자는 종업원의 대답을 들은 후

자신의 표정과 태도에 문제가 있었다는 것을

깨닫고 사과했습니다.

아무 이유 없이 화난 듯한 표정과 말투로

주위 사람들을 대하는 사람이 있습니다.

이는 내면의 부정적인 감정을 그대로 표출하거나

또는 부정적으로 표현하는 게 습관이 되어버린 경우입니다.

이유는 다양하지만

결국 내면의 감정으로 인한 문제인 것입니다.

문제의 원인 제공자는 어떤 누구도 아닌,

바로 자신인 것입니다.

내가 먼저 친절하게 따뜻하게

미소지어 보는 것은 어떨까요?

66 오늘의 명언 99

인생은 거울과 같으니, 비친 것을 밖에서 들여다보기보다
먼저 자신의 내면을 살펴야 한다.

– 월리 페이머스 아모스 –

015

내 편이 되어 주는
친구

가난한 환경에서 어린 시절을 보낸 남자가 있었습니다.

모든 것이 부족했고 힘들었던 그에게

친구들은 항상 도움을 주었고,

먹을 것이 생기면 늘 나눠주곤 했습니다.

시간이 흘러 그는 다른 지역으로 이사를 하였고,

성인이 된 후 시작한 사업이 성공을 거두어

큰 부자가 되었습니다.

그러던 어느 날, 어린 시절 살던

고향 생각이 간절해져 고향으로 내려갔습니다.

그리고 친하게 지냈던 친구들을 모두 불러

잔치를 준비했습니다.

친구들은 모두 기쁜 마음으로 초대에 응했고,

좋은 자리를 마련해 준 그 친구에게

고마움의 의미로 정성껏 선물을 준비해 왔습니다.

허름한 차림의 한 친구가 늦게 도착했는데

그는 손에는 술병이 하나 들려 있었습니다.

"미안들 하네, 내가 좀 늦었군."

미안해하며 자리에 앉는 그 친구를

다른 친구들이 반갑게 맞아주었습니다.

이 친구는 예전에 하던 사업이 실패해서

어렵게 살고 있었습니다.

타지에서 온 부자 친구는 몸을 일으켜

그 친구가 가져온 술병을 들고는

다른 친구들의 잔에 따라주면서 말했습니다.

"자, 술맛이 어떤가?"

잔치에 참석한 친구들은 모두 서로의 얼굴만

빤히 바라보면서 아무 말도 하지 않았습니다.

그 술병을 가지고 온 친구는 얼굴이 빨개졌고

고개를 푹 숙였습니다.

다른 친구들과 마찬가지로 부자 친구도
잠시 말이 없다가 말했습니다.
"내가 그간 여러 곳을 돌아다니고
각양각색의 비싼 술을 먹어봤지만,
오늘 이 술처럼 맛있고, 나를 감동하게 한 것은
정말 없었네."

사실 술병에 담긴 것은 물이었습니다.
그 친구는 너무 형편이 어려워서 술을 살 돈이 없었고,
빈손으로 올 수도 없어
빈 술병에 물을 담아왔던 것이었습니다.
부자 친구의 말에 다른 친구들도 미소를 지으며
술병을 가지고 온 친구에게 다가가
따뜻하게 안아 주었습니다.
이후, 친구들은 술병을 가지고 온 친구가
다시 재기할 수 있도록 십시일반 마음을 모아
도움을 주었습니다.

삶에서 피할 수 없는 역경을 만났을 때
무너지고 꺾이는 사람이 있는가 하면,

비슷한 경험을 하고서도 다시 일어서는 사람이 있습니다.

둘의 차이는 회복 탄성력, 즉 유연성입니다.

회복 탄성력이 있는 사람들의 특징은

주위에 자신을 진심으로 걱정해 주고, 지지해 주는

내 편이 있다는 것입니다.

내가 깊은 좌절을 딛고

일어서주길 간절히 바라는 마음,

내가 재기할 것을 진심으로 믿어주는 그 마음이,

삶을 회복시킵니다.

66 오늘의 명언 99

고난과 불행이 찾아올 때 비로소 친구가 친구임을 안다.

- 이태백 -

016

미소

'어린 왕자'의 작가 생텍쥐페리가 체험을 바탕으로 쓴
단편소설 '미소'에 나오는 이야기입니다.

한 남자가 전투 중에 포로가 되어 감옥에 갇혔습니다.
간수들의 경멸적인 시선과 거친 태도로 보아
다음 날 처형될 것이 분명해 보였습니다.

그는 극도로 신경이 곤두섰으며 고통을 참기 어려웠는데
주머니를 뒤지자, 담배 한 개비가 있었습니다.
손이 떨려서 그것을 겨우 입으로 가져갔지만,
불을 붙일 성냥이 없었습니다.

그는 창살 사이로 간수를 바라보았으나
간수는 눈도 마주치지 않았습니다.
"혹시 불이 있으면 좀 빌려주시겠소?"
그가 계속 말하자 한 명의 간수가 다가왔고
간수가 성냥을 켜는 순간 두 사람의 시선이 마주쳤습니다.

그리고 그는 간수를 향해 미소를 지었습니다.
그 미소는 간수의 입가에도 웃음이 흐르게 했습니다.
간수는 담배에 불을 붙여주며 물었습니다.
"당신에게도 자녀가 있소?"
그가 얼른 지갑을 꺼내 가족사진을 보여주자
간수 역시 자신의 아이들 사진을 꺼내 보여주면서
앞으로의 계획과 자녀들에 대한 희망 등을
이야기했습니다.

그는 다시는 가족을 만나지 못하게 될 것과
자녀들이 성장해 가는 모습을 지켜보지 못하게 될 것이
두렵다며 눈물을 흘렸습니다.

그러자 간수는 아무런 말 없이 감옥 문을 열더니

그를 조용히 밖으로 나가게 했습니다.
그리고는 말없이 함께 감옥을 빠져나와서는
마을 밖에서 그를 풀어 주었습니다.
한 번의 미소가 그의 목숨을 구해 준 것입니다.

사람의 미소는 어떤 창살도 넘어가
또 다른 사람의 얼굴에 피어나게 할 수 있습니다.
오늘 하루 당신이 만나는 사람에게
미소를 지어보는 건 어떨까요?
당신은 미소를 지을 수 있는 사람입니다.

당신이 단순히 미소만 짓더라도 당신은 알게 될 것이다.
아직 삶이 살 가치가 있다는 것을 말이다.

- 찰리 채플린 -

017

따뜻한 손길을
내밀어 보자

미국 제34대 대통령이었던 '아이젠하워'가
제2차 세계대전 연합군 최고 사령관이었을 때 있었던
유명한 일화입니다.

아이젠하워가 긴급 군사 회의에 참석하기 위해
차를 타고 사령부로 가고 있었습니다.
그날은 폭설로 인해 가던 길이 위험했고,
날씨 또한 상당히 추웠습니다.
그런데 그의 차가 지나가야 할 길가에
한 노부부가 추위에 떨고 있었습니다.
즉각 참모에게 어떤 상황인지 확인해 보라고 지시하였습니다.

하지만 참모가 아이젠하워에게 말했습니다.

"사령관님, 우리는 시간이 없습니다.

지금 빨리 사령부에 가야 합니다.

이런 일은 경찰이 처리하도록 하시지요."

그러자 아이젠하워가 다시 말했습니다.

"경찰이 오기를 기다리면 저 노부부는

이 추운 날씨에 얼어 죽고 말 걸세."

이 노부부는 파리에 있는 아들을 찾아가기 위해

길을 나섰다가 중간에 차가 고장 나서

그 누구의 도움도 받지 못하고 어쩔 줄 모르고

추위에 떨고 있었던 것이었습니다.

아이젠하워는 즉각 그들을 차에 태우고는,

가려던 길과 달랐지만 조금 돌아가더라도 그들을 내려주고

사령부로 가서 회의를 마쳤습니다.

보상을 바라며 한 행동은 아니었지만,

그의 이러한 선행은 결국 큰 보상을 받게 되었습니다.

노부부를 돕던 날,

독일의 저격병은 아이젠하워를 태운 차량이 가는 길에

매복해 있다가 그를 암살하라는 지시를 받고

매복 중에 있었습니다.

그런데 아이젠하워가 다른 길로 가는 바람에

작전은 무산되고

아이젠하워는 목숨을 구할 수 있었습니다.

누군가를 돕는 것은 남을 위하는 마음에서 시작됩니다.

타인을 생각하는 마음의 씨앗 하나가 떨어지면

배려심이 자라고 행동이 나오며,

습관이 모여 따뜻한 세상을 만듭니다.

도움이 필요한 이웃이 있는지 살펴보고

따뜻한 손길을 내밀어 보세요.

선행은 작은 관심에서 시작됩니다.

66 오늘의 명인 99

착한 일은 작다 해서 아니하지 말고,
악한 일은 작다 해도 하지 말라.

- 명심보감 -

018

감나무에
까치밥

장편소설 '대지'로 1938년 노벨 문학상을 받은
'펄 벅' 여사의 한국 사랑은 유명합니다.

그녀는 중국에서 선교 활동을 했던 부모님을 따라
약 40년을 중국에서 보냈음에도
평생 한국을 가슴 깊이 사랑했습니다.
그녀는 자신의 작품 '살아 있는 갈대'에서
다음과 같이 한국에 대해서 예찬했습니다.
'한국은 고상한 민족이 사는
보석 같은 나라다.'
또 그녀가 남긴 유서에는

'내가 가장 사랑한 나라는 미국이며,

다음으로 사랑한 나라는 한국'이라고

쓰여 있을 정도입니다.

그녀가 이렇게 한국에 대한 애정이 생긴 계기는

한국을 방문했을 때 있었던 몇 번의 경험 때문이었습니다.

그중에 '까치밥'에 얽힌 일화가 있습니다.

그녀는 따지 않은 감이 감나무에 달린 것을 보고는

주변 사람에게 물었습니다.

"저 높이 있는 감은 따기 힘들어서 남긴 건가요?"

"아닙니다. 그건 까치밥이라고 합니다.

겨울새들을 위해 남겨 둔 거지요."

그녀는 그 사람의 말에 너무도 감동하여

탄성을 지르며 말했습니다.

"내가 한국에 와서 보고자 했던 것은

고적이나 왕릉이 아니었어요.

이것 하나만으로도 나는 한국에 잘 왔다고

생각합니다."

감이나 대추를 따더라도

까치밥은 겨울새들을 위해 남겨 두는 마음.

지극히 작은 생명 하나라도 소중하게 배려하는

민족이 바로 우리입니다.

우리 선조들은 봄철이 되어 씨앗을

뿌릴 때도 셋을 뿌렸습니다.

하나는 새를 위해 하늘에,

하나는 벌레를 위해 땅에,

그리고 나머지 하나는 나에게….

그렇게 모두가 함께 나눠 먹기 위해 셋을 뿌렸습니다.

세상이 메마르고 차갑게 변했다고 탓하지 마십시오.

내가 달라지면 세상도 따뜻하게,

아름답게 변할 것입니다.

❝ 오늘의 명언 ❞

질서 있는 모습이 아름다움을 결정한다.

- 펄 벅 -

019

1등의
역사

1953년 5월 29일, 존 헌트 대령이 이끄는

영국 9차 원정대 소속 2차 정상 등반조가

8,848미터의 세계 최고봉 에베레스트를

오르고 있었습니다.

359명의 셰르파(네팔의 산악 인도인)들이

10톤 이상의 장비와 식량을 운반하는 대규모 원정대였습니다.

그리고 결국 이날 오전 11시 30분,

뉴질랜드 양봉가 출신 산악인 에드먼드 힐러리와

셰르파 텐징 노르가이가 세계 최초로

에베레스트의 정상에 올랐습니다.

그런데 오전 11시쯤 정상 바로 밑에

먼저 도착한 것은 텐징이었습니다.

텐징은 마음만 먹으면 최초 등정의 영광을

차지할 수 있었습니다.

그러나 텐징은 지쳐서 뒤에 처진 힐러리가

올 때까지 정상 바로 아래서 30분을 기다렸습니다.

그리고 힐러리가 먼저 정상을 밟았습니다.

그 후 텐징은 딸이 준 색연필을

에베레스트 정상에 묻었습니다.

힐러리는 처음에는 팀으로서

함께 정상에 올랐다고 말했지만,

훗날 이 사실을 밝혔습니다.

텐징은 셰르파의 역할을 벗어나지 않고

힐러리가 에베레스트를 먼저 정복할 수 있도록

기다려주었던 것입니다.

'2등은 아무도 기억하지 않는다'라는

광고 문구가 있습니다.

그러나 아름다운 2등이 있어야
1등도 존재하는 법입니다.
위대한 2등, 3등과 같은 사람들이
오늘도 꿋꿋이 험한 길을 뚫고 가기에
1등의 역사가 이뤄집니다.

자신의 가치는 다른 어떤 누군가가 아닌,
바로 자신이 정하는 것이다.

- 엘리노어 루스벨트 -

020

누구나 말 못 할
사정이 있다

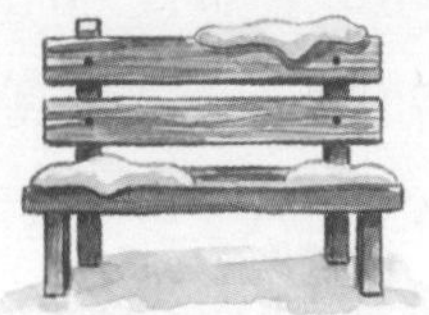

인도의 시성(詩聖)이라고 불리는 타고르는

1913년 동양인 최초로 노벨문학상을 수상했습니다.

민족의 정신적 지주로서 인도의 독립운동에도 앞장섰던 그는

집의 모든 일을 하인에게 맡기고

글과 관련한 작업에만 몰두했습니다.

하인이 하루라도 없으면 큰 불편함을 겪었기 때문에

타고르는 하인에게 매우 엄격했습니다.

그런데 하루는 출근 시간이 돼도 하인이 집에 오질 않았습니다.

이에 몹시 화가 난 타고르는 그 하인을

당장 해고해야겠다고 생각했습니다.

점심때가 한참 지나서 출근한 하인은

굳은 표정으로 인사를 한 뒤 일하기 시작했습니다.

타고르는 그 모습을 보고 당장 나가라고 소리를 질렀습니다.

그러자 그 하인이 눈물을 머금으며 말했습니다.

"죄송합니다. 실은 어제저녁 제 딸아이가 죽어서,

급하게 장례를 치르고 오느라 늦었습니다.

좋지 않은 일이라 말씀드리고 싶지 않았습니다."

타고르는 그동안 성실했던 하인에게

이유도 묻지 않고 화를 낸 것을 크게 후회하며

사람이 자신의 입장만 생각했을 때

얼마나 잔인해질 수 있는지 깨달았다고 합니다.

선한 영향력, 거창해 보이지만 그렇지 않습니다.

평소 다른 사람에게 화가 나고 미움이 생길 때

감정을 앞세워 판단하기보다 한 번 더

상대방의 입장에서 잠시 생각해 보는 건 어떨까요?

66 오늘의 명언 99

누군가 내 마음을 이해해 주는 것보다 더 큰 위안은 없다.

- 조지 산타야나 -

021

노자의
인간관계 5계명

중국 춘추전국시대의 사상가이자 제자백가의 시초 격인
'노자'가 유랑의 길을 떠나며 쓴 도덕경에
다음과 같이 '인간관계론'을 정리해 놓았습니다.

첫째, 진실함이 없는 말을 늘어놓지 말라.
남의 비위를 맞추거나 사람을 추켜세우거나
머지않아 밝혀질 감언이설로 회유하면서
재주로 인생을 살아가려는 사람이 너무 많다.
그러나 언젠가는 신뢰를 받지 못하여
사람 위에 설 수 없게 된다.

둘째, 말 많음을 삼가라.

말은 없는 편이 차라리 낫다.

말없이 성의를 보이는 것을 오히려 신뢰하게 된다.

말보다 태도로서 나타내 보여야 한다.

셋째, 아는 체 하지 말라.

아무리 많이 알고 있더라도

너무 아는 체 하기보다는 잠자코 있는 것이 낫다.

지혜 있는 자는 지식이 있더라도

이를 남에게 나타내려 하지 않는 법이다.

넷째, 돈에 너무 집착하지 말라.

돈은 인생의 윤활유로서는 필요한 것이나,

돈에 집착하여 돈의 노예가 되는 것은

안타까운 노릇이다.

다섯째, 다투지 말라.

남과 다툰다는 것은 손해다.

어떠한 일에도 유연하게 대처해야 한다.

자기주장을 밀고 나가려는 사람은

이익보다 손해를 많이 보는데
다투어서 적을 만들기 때문이다.

진실 없는 말을 많이 하고, 유난히 아는 체하고
돈의 노예가 되어 다툼을 일삼는 것.
누구나 살아가며 알게 모르게
저 중 한 가지쯤은 해봤을 것입니다.
인간이기에 가질 수 있는 본능입니다.
그러나 잘못된 행동을 인지하고 바꿔나간다면
더 큰 성공한 삶을 사는 것입니다.

66 **오늘의 명언** 99

있다고 다 보여주지 말고, 안다고 다 말하지 말고,
가졌다고 다 빌려주지 말고, 들었다고 다 믿지 마라.

- 셰익스피어 '리어왕' -

022

할머니의
지갑

저희 할머니는 작은 체구이시지만

오래전 할아버지가 지병으로 돌아가신 이후로

저희 아버지를 포함해서 삼 남매를 키우면서

억척스럽게 생활하셨습니다.

어린 시절 방학이 되면 시골에 계신

할머니 집에 방문했는데 할머니는 제 손을 잡고

재래시장에 자주 가곤 했습니다.

그런데 어느 날 한참 장을 보다가

가방 안을 보시더니 할머니가 깜짝 놀라셨습니다.

물건을 사다가 지갑을 떨어뜨리신 것입니다.

할머니는 급하게 왔던 길을 되돌아가며
혹시 떨어져 있을 지갑을 찾기 시작했습니다.
시장 바닥 여기저기를 살피며 지갑을 찾는 저와 할머니에게
웬 아저씨가 조심스럽게 다가왔습니다.

아저씨는 다리를 절뚝거렸고
꾀죄죄한 모습에 냄새도 진동했습니다.
그 아저씨가 할머니가 잃어버린
지갑을 불쑥 내밀며 말했습니다.
“어르신 이거, 떨어트렸어요.
제가 다리가 아파서 빨리 못 쫓아왔네요.”

할머니는 건네받은 지갑을 열어 보았습니다.
지갑 안에는 할머니의 돈이 그대로 들어있었습니다.

뒤돌아 가려는 아저씨에게 할머니가 급하게 말했습니다.
“지갑을 찾아준 것도 고마운데 이런 경우가 있나!
내 지갑에는 이렇게 큰돈이 없었는데
왜 당신 돈을 여기에 더 넣어둔 거예요?
이거는 내 돈이 아니니 가져가요!”

할머니는 아저씨에게 지갑 속의
절반 정도 되는 돈을 억지로 쥐여 주더니
제 손을 잡고 가셨습니다.

한동안은 할머니의 행동을 이해할 수 없었습니다.
하지만 시간이 지나고 보니 할머니가 얼마나
멋진 사람인지 알게 되었습니다.

사람의 마음이란 너무 복잡하고 다양해서
때로는 의도치 않게 상처를 받을 수도 있습니다.
상대방이 상처를 받지 않도록,
상대방의 자존심을 지켜주고 도움의 손길을 베푼
할머니가 그립습니다.

> **66 오늘의 명언 99**
>
> 당신의 고통은 당신이 오해의 껍질을 벗고
> 이해하는 사람이 되도록 만드는 것이다.
>
> – 칼릴 지브란 –

023

우산 천사와
수레 할아버지

2023년 8월 29일, 경기도 안산시 일대에서
매일 같이 동네에서 폐지를 줍던 한 할아버지는
잠시 수레를 놓고 식사하러 가시던 중이었습니다.
그런데 갑작스레 폭우가 쏟아졌습니다.
할아버지는 우산도 없었지만, 수레를 몰아야 했기에
비를 피할 방법이 없었습니다.

그때 한 마음씨 따뜻한 여성분이
할아버지께 선뜻 우산을 씌워드렸습니다.
자기 옷이 다 젖는데도 오히려 할아버지를 향해
우산을 가까이 내밀었습니다.

그렇게 함께 1km 남짓을 걸어갔습니다.
목적지에 다 도착했을 때 잠시 기다리시라고 한 뒤,
현금인출기에서 3만 원을 인출하여
할아버지께 용돈으로 드렸습니다.

이후 누군가 찍은 그 모습의 사진이 언론사를 통해 알려졌고,
'우산 천사', '세상의 따뜻함을 느낀다',
'올해 들어서 가장 아름다운 사진'이라며
아낌없는 찬사가 쏟아졌습니다.

이후 할아버지는 전혀 알지 못하는
그 여성분에게 고마움을 표시하며 기자에게 말했습니다.
"그분이 어떤 분인지 모르지만
정말 고마웠습니다."

여성분은 슬하에 자녀를 둔 엄마로,
교육업계 종사자인 것으로 알려졌습니다.
그리고 이런 선행을 가족에게도 이야기하지 않을 만큼
겸손했습니다.

마음에서 우러나는 선행은

도움을 받는 사람도, 도움을 주는 사람도

또 곁에서 지켜보는 사람에게도

행복을 전염시키나 봅니다.

세상이 여전히 아름다운 것은

다른 이들은 모르게 따뜻한 마음씨를 전하는

천사가 곳곳에 숨어있기 때문일 것입니다.

당신이 오늘 베푼 선행은
내일이면 사람들에게 잊혀질 것이다.
그래도 선행을 베풀어라.

- 마더 테레사 -

024

고인 물은
썩는다

오래전, 아직 사람의 손길이 닿지 않은

미답지에 사람들이 몰려들어 새로운 논과 밭을

일구기 시작했습니다.

그중 한 농부는 운이 좋게도 가장 먼저

물이 흘러들어오는 비옥한 땅을 차지하게 되었는데

쌀농사를 짓기에 최적이었습니다.

덕분에 그 농부의 논에는 가뭄에도 항상 물이 충분하여서

매년 많은 쌀을 수확할 수 있었습니다.

주변 다른 사람들의 논에는

이 농부의 논에서 흘러 내려온 물이 있어야만

농사를 지을 수 있었습니다.

그런데 어느 날 자신의 논 주변을 굽이쳐 흐르는,
수로의 물을 쳐다보던 농부는
물이 다른 사람의 논으로 흘러가는 것이
갑자기 아깝다고 생각되었습니다.
그래서 농부는 흐르는 수로를 막아
물이 다른 논으로 흘러가지 못하도록 하였습니다.

다른 논을 경작하던 사람들은 난리가 났습니다.
물이 부족해서 벼들이 모두 말라 죽게 된 것입니다.
사람들은 농부를 찾아가 수로를 열어달라고
사정해 보고 화를 내기도 해보았지만
농부는 요지부동이었습니다.
그저 물을 독점할 수 있다는 것에 기뻐했습니다.
사람들은 다른 물줄기를 찾고자 노력했지만,
쉽지 않았습니다.
농부는 사람들이 허둥거리는 모습을 보며
비웃었습니다.

그런데 몇 달 후 뜻밖의 일이 벌어졌습니다.
농부의 논에 흐르지 못하고

지나치게 많이 고여 있던 물 때문에
벼들이 썩어버린 것입니다.
결국 자신의 욕심 때문에 농부는
큰 손해를 보고 말았습니다.

오직 하나만 보입니다.
그 하나를 가지려고 온갖 욕심을 부립니다.
눈앞에 보입니다.
눈앞에 보이는 것만 가지면 될 것 같아
누구도 배려하지 않습니다.
그런데 그 하나는 열 개 중 하나였고,
눈앞에 보였던 건 빙산의 일각이었습니다.
이렇듯 욕심은 어리석은 생각을 낳고,
어리석은 생각은 결국 화를 불러옵니다.

❝ 오늘의 명언 ❞

행복에 이르는 길은 욕심을 채울 때가 아니라
비울 때 열린다.

- 에피쿠로스 -

025

볼링식 대화 vs
탁구식 대화

대화 방식이 잘못되면

자칫 오해가 생기거나 관계가 깨지기 쉽습니다.

대화에도 기술이 필요한데 가장 중요한 것은

볼링식 대화를 하지 않아야 한다는 것입니다.

공을 굴려서 핀을 전부 쓰러뜨려야 이기는 볼링처럼

날 선 말로 대화 상대를 제압하려 해서는 안 됩니다.

볼링식 대화를 하는 사람은 누구에게도 환영받지 못합니다.

상처받은 사람들이 하나, 둘 떠나고 나면

주위에는 아무도 남지 않을 것입니다.

서로 공을 주고받는 탁구처럼

혼자만 말하는 것이 아니라 상대를 배려하며
따뜻한 말을 주고받는 탁구식 대화를 해야
신뢰와 정이 싹트게 됩니다.

대화를 부드럽게 이어가기 위해서는
서로를 이해하려는 노력과
말로 상처 주지 않으려는 배려가 필요합니다.

understand(이해하다)는
under(밑에서)와 stand(서다)를 합한 단어입니다.
곧, 상대를 이해하기 위해서는
상대보다 낮게 있어야 한다는 뜻입니다.
대화할 때도 마찬가지입니다.
자신을 낮추고 상대의 마음을 헤아린다면
대화를 성공적으로 이끌 수 있을 것입니다.

❝ 오늘의 명언 ❞

> 당신이 타인의 말에 귀 기울이지 않으면
> 그들도 당신의 말에 귀 기울이지 않는다.
>
> - 래리 킹 -

2부

뜨겁게 사랑하고
뜨겁게 노력하자

026

자녀에게
해주고 싶은 말

수정이는 어느 날부터인가 자신에게 이제는

다정한 얼굴을 보여주지 않는 엄마가 야속합니다.

어렸을 적 아주 작은 것에도 아끼지 않았던

엄마의 칭찬은 이제 기대할 수 없습니다.

조금 잘해서 '이번에는 엄마를 기쁘게 할 수 있겠지.' 싶으면

엄마는 다른 아이들은 어떤 지부터 묻습니다.

우리 엄마, 도대체 왜 이러는 거죠?

부모들은 주변 사람들에게 말합니다.

"아이와 공감하고 소통하는 부모,

힘든 일이 있을 때 터놓고 이야기할 수 있는

부모가 되고 싶다”라고요.

아이들에게 하루 중 부모님께
가장 많이 듣는 말이 무엇인지 물었습니다.
초등학교 2학년 생 “우리 이쁜이, 귀염둥이, 순둥이.”
초등학교 6학년 생 “휴대전화 좀 꺼.”
중학생 “공부해… 공부해!”

학년이 높아질수록 부모님과의
대화 시간은 줄었고,
부정적인 말은 훨씬 더 많아졌습니다.

중학생들에게 요즘 고민에 대해
부모님과 이야기한 적이 있는지 묻자
“성적 얘기엔 민감하지만, 진짜 나에게 심각한 고민은
대수롭지 않게 흘려듣기 때문에
이제는 마음속 이야기를 하지 않는다”라고
대부분의 아이들은 대답합니다.

한없이 자애로울 것만 같았던 엄마 아빠가

자녀가 중학생이 되면 갑자기 변합니다.

오직 성적에만 관심이 있습니다.

이때부터 부모와 아이들의 사이는 점점 멀어지기 시작하고,

결국 마음의 문을 닫은 아이들은 막다른 상황에서도

부모에게 도움을 청하지 않게 됩니다.

'사랑해'에서 '공부해'로 변하고

점점 대화가 없어져 가는 이 시대의 부모와 자녀 관계는

어떻게 해야 회복될까요?

부모라는 이름으로 살게 해 준,

지금 내 곁의 아이를

있는 그대로 바라보는 것

이것만으로 충분하지 않을까요?

❝ 오늘의 명언 ❞

부모의 장기적인 시야가
자녀의 꿈을 결정짓는 중요한 요소가 된다.

- 루이 파스퇴르 -

평범한 하루가
소중하다

남편은 작은 가게를 운영하고

저는 사회복지사로 일하고 있습니다.

둘이 하루 종일 일해도 생활은 늘 빠듯합니다.

들어오는 돈보다 나가는 돈이 더 많아

매달 계산기를 두드릴 때면 한숨이 나오곤 합니다.

저는 늦은 밤까지 일하는 남편을 보며

이런 말을 한 적이 있습니다.

"그렇게까지 힘들게 살지 말아요.

조금 덜 벌어도 저녁에는 같이 밥 먹어요.

그게 더 사람 사는 거 같아요."

그 말을 하며 스스로 웃음이 났습니다.
형편이 넉넉하지 않다는 걸 누구보다
제가 잘 알고 있습니다.
그래도 가족과 함께하는 시간이
무엇보다 소중하다고 생각했습니다.

저녁 식탁에 마주 앉아 식사하면서
하루 동안 있었던 크고 작은 일들을 이야기하다 보면
어느새 피로가 풀리고 웃게 됩니다.
돈은 언제든 다시 벌 수 있지만
이 시간은 다시 오지 않습니다.

그래서 저는 오늘도 이 평범한 하루가
너무도 소중합니다.

우리네 삶이 늘 쉽지는 않습니다.
때로는 하루하루 버티는 것도 벅찰 때가 있습니다.
하지만 돌아보면, 그 힘든 날들을
견디게 한 건 결국 곁에 있는 사람들입니다.

같이 밥을 먹고 같이 웃을 수 있는

그 시간이 우리 삶의 가장 큰 위로가 됩니다.

오늘 하루 그 따뜻한 마음을

잊지 않았으면 좋겠습니다.

사람은 집에 있을 때 가장 행복해지고
밖으로 나가면 행복에서 가장 멀어지는 법이다.

- J.G. 홀런드 -

028

무생채

평소 꼼꼼하게 살림을 관리해도 냉장고 청소를 하다 보면
버리는 반찬이 한두 가지 나오는 법입니다.
하지만 냉장고 한구석에 12년 동안 자리를 차지하고 있는
무생채 반찬통이 있습니다.
제아무리 냉장고에 보관했다고 해도 12년이라는 세월에
무생채는 썩을 대로 썩어서 질퍽질퍽하게 뭉개지고
하얀 곰팡이가 빽빽이 피어 있을 것입니다.
하지만 오래전 방송에 소개된 사연의 주인공은
무생채 반찬통을 버리지 못하고
오히려 소중하게 여기고 있습니다.

12년 전 갑작스럽게 암으로 돌아가신 친정 엄마가
입원하기 전 딸에게 마지막으로 만들어준 반찬이기 때문입니다.
그래서 이사할 때도, 냉장고 청소할 때도,
심지어 냉장고를 새것으로 바꿀 때도
엄마가 생전에 만들어놓은 무생채를
어느 것보다 제일 먼저 챙겼다고 합니다.

무생채 반찬통을 보면 돌아가신 엄마가
곁에 있다는 생각이 든다며
나한테 한 가지 남겨놓고 가주신 게
너무도 고맙다고 합니다.

사랑하는 사람과의 연결이 끊어진다는 것은
너무도 힘들고 괴로운 일입니다.
하지만 마음속 깊이 연결된 아름다운 사랑을
소중히 간직하는 것이 때로는 큰 힘이 되고 의지가 됩니다.

66 오늘의 명언 99

> 우리는 오로지 사랑을 함으로써 사랑을 배울 수 있다.
>
> – 아이리스 머독 –

029

부모님이 원하는 것을 생각하라

어느 마을에 효성이 깊은 아들 둘을 둔 어머니가 있었습니다.

큰아들은 부자인 반면에

작은아들은 생활 형편이 좋지 못했습니다.

큰아들은 어머니께 맛있는 음식과

좋은 옷으로 항상 불편함이 없도록 모셨습니다.

그런데 이상하게도 작은아들의 집에 더 자주 머물렀기에,

서운한 큰아들이 어머니에게 물었습니다.

"어머니, 동생 집보다 우리 집이

음식이나 잠자리나 모든 면에서 편하실 텐데

왜 자꾸 불편하고 형편도 좋지 않은 동생 집에

머물려고 하시는 거예요?"

"물론 모든 면에서 너희 집이 훨씬 낫지.

하지만 네 동생 집에는 그것보다 더 좋은 것이 있단다."

큰아들은 궁금하여 그것이 무엇인지 물었습니다.

"네 동생은 매일 저녁 식사가 끝나면

이 늙은 어미의 손과 다리를 주물러 주면서

말동무를 해주거든."

효도는 내가 하는 것이 아니라 부모님이 받는 것입니다.

내가 이렇게까지 효도하고 있다고 만족해하는 것이 아니라

부모님이 어떻게 느끼고 기뻐하실지를 생각해야 합니다.

받는 사람의 기쁨과 행복을 위해 행하여야만

진정한 마음을 전할 수 있습니다.

❝ 오늘의 명언 ❞

천하의 모든 물건 중에는 내 몸보다 더 소중한 것이 없다.
그런데 이 몸은 부모가 주신 것이다.

- 율곡 이이 -

030

세상이 정한 한계는 없다

1970년 세계 역도 선수권 대회를 앞두고
역도의 전성기를 맞았습니다.
역도에는 '용상'이라는 종목이 있는데
역기를 가슴까지 들어 올린 후
머리 위로 들어 올리는 종목입니다.

그런데 그 어떤 역도 선수도
500파운드(226.8kg)의 무게를 넘지 못해서
사람들은 인간이 들어 올릴 수 없는
무게라고 했습니다.

그리고 대회 당일, 우승 후보였던
소련의 '바실리 알렉세예프' 선수가
결승에 올랐습니다.

그는 자신 있게 외치며 역기를 들어 올리는 데 성공했지만
사람들의 입에선 아쉬운 탄성이 터져 나왔습니다.
500파운드에 부담감을 느낀 알렉세예프 선수가
499파운드를 들어 올렸기 때문입니다.

그런데 갑자기 장내에 안내 방송이 울려 퍼졌습니다.
주최 측의 실수로 역기의 무게가 잘못 측정되었고
알렉세예프 선수가 힘들게 들어 올린 역기는
501.5파운드라고 정정한 것입니다.
순식간에 장내에 환호성이 울려 퍼졌습니다.
드디어 '인간의 한계'가 깨진 것입니다.

그리고 알렉세예프 선수 이후 놀라운 일이 벌어졌습니다.
'인간의 한계'로 여겨졌던 500파운드를 들어 올린 사람이
그해에만 6명이 나왔습니다.

이것이 바로 '한계'라는 단어의 무서운 힘입니다.

이전에 500파운드를 들어 올린 사람이 없었던 이유는

500파운드가 진짜 인간의 한계여서가 아닙니다.

그것이 한계라는 잘못된 믿음 때문에

사람들을 도전할 수 없도록 만든 것입니다.

'땅벌'은 큰 덩치에 비해

작은 날개를 가지고 있어 공기역학적으로

날 수 없다고 합니다.

그런데 땅벌은 신기하게도 잘 날아다닙니다.

자신의 한계를 날 수 없는 존재로 여기는 것이 아니라

당연히 날 수 있다고 강하게 믿었기 때문입니다.

66 오늘의 명언 99

우리의 유일한 한계는
우리 스스로 마음으로 설정한 것들이다.

- 나폴레온 힐 -

031

슈바이처와
헬레네

유복한 환경에서 엘리트 교육을 받으며 자란 슈바이처는

어릴 적부터 좋은 옷을 입히려는 부모님에게

이렇게 말했습니다.

"남들은 이렇게 입지 못하는데,

저만 이렇게 입을 수는 없어요!"

그런 그에게 의사가 없어 고통을 받는

아프리카의 현실은 그냥 넘길 수 없는

가슴 아픈 이야기였을 것입니다.

그래서 슈바이처는 남은 생을 그들을 위해 살기로 하고

의과 대학에 입학했습니다.

그러나 의사가 된 그는 헬레네라는
여인과 사랑에 빠졌습니다.
주변에서는 그가 사랑하는 여인 때문에
아프리카로 떠나는 걸 포기할 것으로 생각했습니다.

슈바이처는 그녀와의 만남을
심각하게 고민하기 시작했습니다.
그러던 어느 날 그녀를 찾아가 결연하게
자기 뜻을 밝혔습니다.
"나는 아프리카로 떠날 사람이오."

많은 고민의 흔적이 남아 있는 슈바이처의
얼굴을 보며 헬레네가 대답했습니다.
"제가 간호사가 된다면
당신을 도울 수 있겠지요?"

그 뒤 헬레네는 간호학을 공부하여 간호사가 되었고
슈바이처와 결혼 후 함께 아프리카로 떠나
평생 헌신적인 봉사를 하며 살았습니다.

내 마음을 알아주기보다 상대방의

마음을 헤아려주는 것.

상대방을 바꾸기보다 그를 인정하는 것.

어떤 사랑이든 헌신과 희생,

그리고 배려가 함께해야 진정한 빛이 납니다.

❝ 오늘의 명언 ❞

내 안에 빛이 있으면 스스로 빛나는 법이다.
가장 중요한 것은 나의 내부에서 빛이
꺼지지 않도록 노력하는 일이다.

– 알베르트 슈바이처 –

032

가족은
그런 것

오래전 제가 고등학교 1학년이었고,

동생이 중학교 2학년이었던 시절 이야기입니다.

집 근처에 학교가 있어 걸어 다녔던 저와는 달리

동생은 학교가 멀어 버스를 타고 통학을 해야만 했습니다.

그래서 동생은 늘 어머니가 차비를 주셨는데

어느 날 동생이 버스를 타지 않고

학교까지 걸어가는 모습을 보게 됐습니다.

다음 날도 어김없이 동생에게 차비를 주는

어머니에게 볼멘소리로 말했습니다.

"차비 주지 마세요. 버스는 타지도 않아요.

우리 집 생활도 빠듯한데

차도 타지 않는 녀석한테 왜 차비를 줘요."

하지만 어머니는 먼 길을 걸어 다니는

동생이 안쓰러우셨는지 내 말은 아랑곳하지 않고,

동생에게 차비를 쥐여주며 말했습니다.

"오늘은 꼭 버스 타고 가거라!"

그 차비가 뭐라고 전 엄마한테

왜 내 얘긴 듣지도 않냐며 툴툴대기 일쑤였습니다.

며칠 후, 학교 갔다 집에 돌아와 보니

온 집안이 맛있는 고기 냄새로 가득했습니다.

주방으로 얼른 뛰어가 보니

맛있는 불고기가 지글지글 구워지고 있는 것이었습니다.

당시 우리 집은 가정 형편이 어려워

고기는 특별한 날만 먹을 만큼 힘든 상황이었습니다.

저녁 식사 때 고기를 크게 싸서 입에 넣으며

미소 가득한 얼굴로 물었습니다.

"오늘 무슨 날이에요?"

그러자 어머니께서 동생을 바라보며 조용히 말했습니다.

"날은 무슨 날…

네 동생이 형이랑 엄마 아빠 기운 없어 보인다고,

그동안 모은 차비로 고기를 사 왔구나!"

동생은 그 먼 길을 가족이 오순도순 고기를 먹는 모습을

즐겁게 상상하며 힘들어도 걷고 또 걸었다고 했습니다.

가족은 그런 것 같습니다.

형이 못하면 동생이, 동생이 부족하면 형이

자식에게 허물이 있으면 부모가, 부모님이 연세가 들면 자식이

그렇게 서로 감싸며 평생 행복을 만들어 가는 것.

가족은 그런 것 같습니다.

❝ 오늘의 명언 ❞

형제자매가 있는 사람은 자신이 얼마나 운이 좋은지 몰라.
물론 많이 싸우겠지, 하지만 항상 누군가 곁에 있잖아,
가족이라 부를 수 있는 존재가 곁에 있잖아.

- 트레이 파커 -

033

자신을
용서해야 한다

어느 날 한 남자가 지방으로 출장 가는 길에
아내에게 함께 가자고 말했습니다.
남자는 사업으로 바빠 둘이 지내는 시간이 없으니
바람이라도 쐴 겸 다녀오자고 한 것입니다.
아내는 몸이 힘들어 내키지 않았지만
모처럼 만에 남편과 함께 떠나는 일정이라
흔쾌히 허락했습니다.

그런데 출장을 끝마치고 돌아오던 중
그만 마주 오던 트럭과 충돌하고 말았습니다.
안타깝게도 아내는 그 자리에서 사망하고

남자 또한 장애를 가지게 되었습니다.

남자는 이후로 아이들에게 엄마라는 단어를
입에 올리지도 못하게 했습니다.
아내 사진도 다 치워버리고 회한 속에서
힘들게 버티며 살아야 했습니다.
'그때 그 말을 하지 않았더라면…
그곳에 가지 않았더라면…'

할 수만 있다면 그날 그 순간으로
되돌아가 바꿔놓고 싶었습니다.
이렇게 되어버린 현실을 받아들일 수가 없었고
누구보다 무엇보다 자신을 너무도
용서할 수가 없었습니다.

아내에게 못 해준 것만 기억이 났습니다.
약속 안 지킨 것만 기억이 났습니다.
그렇게 빨리 떠날 줄 몰랐습니다.

용서하기가 가장 어려운 대상은 바로 나입니다.

하지만 우리는 나 자신을 용서해야 합니다.

이제는 나에게 말해주세요.

나를 비난하고 책망하는 비수 같은 말을 거두시고

나에게도 말해주세요. 사랑한다고.

어쩔 수 없었던 거라고….

당신이 자신을 용서할 때 비로소

당신 곁을 떠난 영혼도 안식할 수 있습니다.

그 사람을 위해 당신을 용서하십시오.

66 오늘의 명언 99

용서는 당신이 자신에게 줄 수 있는
가장 큰 선물 중 하나다.

– 마야 안젤루 –

034

돈의
가치

어느 날 남편이 만원 지폐 몇 장을 꺼내
아내의 손에 꼭 쥐여주었습니다.
지쳐 보인다며 어디 나가면 음료수라도
꼭 사 먹으라는 당부의 말도 잊지 않습니다.
아내는 남편이 손에 쥐여 준
돈을 받아 들고는 말했습니다.
"여보, 나 하나도 힘들지 않아요."

며칠 뒤 아내는 노인정에 다니는 시아버지께
남편에게 받았던 돈을 드리며 말했습니다.
"아버님, 제대로 용돈 한 번 못 드려서 죄송해요.

얼마 안 되지만,

다른 분들과 시원한 거라도 사 드세요.”

시아버지는 그날 기분이 좋아서

노인정에서 며느리 자랑하느라 하루가 다 갑니다.

그리고 그 돈은 쓰지 않고,

방 서랍 깊숙한 곳에 넣어둡니다.

명절날, 손녀의 세배에 기분 좋아진 할아버지는

서랍 속에 넣어 두었던 돈을 꺼내어 손녀에게 줍니다.

세뱃돈을 받아 든 손녀는 신이 나

엄마에게 달려가 말했습니다.

“엄마, 나 세뱃돈 받았어요.

엄마가 가지고 있다가 나중에 가방 사줘요.”

순간 엄마는 요즘 무척 힘들어하는

남편이 생각나서는 쪽지와 함께 돈을

남편 주머니에 넣어두었습니다.

“여보 뭐라도 사 드세요.

힘내고, 사랑해요.”

돈의 가치가 행복의 척도가 아니라는 건
세상을 오래 살수록 절실히 느끼게 됩니다.
가족을 생각하고, 친구를 생각하고,
소외된 이웃을 생각하며
자신의 것을 기쁜 마음 가득 담아 준다면
그보다 값진 선물은 없을 것입니다.

행동이 반드시 행복을 안겨주지 않을지는 몰라도
행동 없는 행복이란 없다.

- 윌리엄 제임스 -

035

어머니의
짧은 한마디

매년 명절 연휴가 되면 돌아가신 어머니 생각이 납니다.

과거 어머니와 함께 고향을 지켰던 오빠는

지금도 쌀농사를 짓고 있습니다.

덕분에 저희 가족은 매년 추수가 끝나면

윤기 흐르는 햅쌀을 받아서 잘 먹고 있습니다.

분명 오빠가 농사해서 보내준 쌀이건만

그 쌀로 밥을 지어 먹을 때면

언제나 어머니의 목소리가 들립니다.

"밥은 먹었니?"

고등학교를 졸업하고 고향을 떠나
어찌어찌 살아보겠다는 막내딸이 눈에 밟히셨는지,
전화 통화를 할 때마다 어머니는
제가 밥을 먹었는지부터 항상 물어보셨습니다.

그 짧은 한마디에 얼마나 많은 의미가 담겨 있었는지
두 아이의 엄마가 된 후에야 알게 되었습니다.
그리고 저 또한 과거 어머니가 그랬던 것처럼
자녀들에게 전화로 묻습니다.
"배곯고 다니지는 않지?"
"어디 아픈 데는 없어?"
"지금 하는 일이 힘들지는 않고?"

'사랑한다는 말'을 '밥 먹었냐?'라는 말로
대신하던 어머니가 정말 그립습니다.

사랑을 전하는 것은 어렵지 않습니다.
짧은 인사말, 환한 미소, 상냥한 손짓 등
말로 하지 않아도 사랑을 담아 전할 수 있는
많은 것들을 이미 우리는 가지고 있습니다.

우리가 세상에 뿌린 아름다운 사랑은

비록 우리가 세상을 떠나도 언제나

세상을 밝히며 남아있을 겁니다.

인생에 있어서 최고의 행복은
우리가 사랑받고 있음을 확신하는 것이다.

– 빅토르 위고 –

036

아버지의
구두

45년 전 제가 초등학교 2학년 때 저희 아버지는

도매 관련해서 큰 사업을 하셨습니다.

하지만 어느 순간부터 아버지가 하는 사업이

잘되지 않고 있다는 것을 알게 되었습니다.

아버지의 얼굴에서 웃음이

완전히 사라졌기 때문입니다.

가족끼리 식탁에 둘러앉아 밥을 먹을 때나

퇴근하고 집에 오신 이후에도

아버지는 계속 심각한 얼굴을 하고 계셨습니다.

어느 날 흙이 묻어 있는 아버지의 구두를 발견하고는

화장실에서 아버지의 구두를 물에 담가
솔로 깨끗하게 닦아 드렸습니다.
어머니가 제 운동화를 깨끗하게 빨아줬을 때
아주 기뻤던 경험이 있었기 때문에
'아버지도 내가 구두를 이렇게 닦아 드리면
좋아하지 않을까'라고 생각했습니다.

그러나 몹시 당황스러운 상황이 펼쳐졌습니다.
밤이 되면 마를 줄 알았던 구두가
다음 날까지 마르지 않고 그대로 있는 것이었습니다.
더욱이 구두 가죽에 솔질까지 하다니…
당시 저는 마르지 않고 상처가 난 구두를 보며
크게 당황했습니다.

아버지는 출근하시기 전,
물기에 젖어있는 구두를 보며 물으셨습니다.
"이거 뭐야? 누가 그랬어?"
저는 아버지에게 꾸중을 들을 것이 두려웠지만
떨리는 마음을 누르며 아버지에게 솔직하게 말했습니다.

제 이야기에 아버지는 왕 꿀밤을 주셨습니다.

저는 욱신거리는 머리를 두 손으로 붙잡으며

아버지의 얼굴을 조심스럽게 쳐다봤습니다.

내내 웃지 않던 아버지가 저에게 꿀밤을 때린 이후에

어느 때보다 활짝 웃고 계셨습니다.

그날 아버지는 젖은 구두를 신고 출근하셨습니다.

전쟁터와 같은 사회 속에서 부모님의 축 늘어진 어깨는

퇴근 후, 자녀들의 사소한 행동에

감동해서 다시 힘이 솟아오릅니다.

가족이 주는 위로는 세상 어떤 것보다

더 따뜻하며 더 위대한 힘을 가지고 있습니다.

❝ 오늘의 명언 ❞

가정이야말로 고달픈 인생의 안식처요,
모든 싸움이 자취를 감추고 사랑이 싹트는 곳이요,
큰 사람이 작아지고 작은 사람이 커지는 곳이다.

- 허버트 조지 웰스 -

037

기회는
노크하지 않는다

'바람과 함께 사라지다(Gone with the Wind)'는

남북전쟁(1861~65)과 패전, 재건시대의 조지아 주를 배경으로

아름답고 강인한 스칼렛 오하라의 파란만장한 인생과

사랑, 욕망, 희망, 그리고 상실을 세밀하게 그려냈습니다.

1936년 출판되어 이듬해에 퓰리처상을 수상했으며

영화로도 대성공하여 아카데미상 10개 부분을 휩쓸었습니다.

여주인공 억을 맡은 비비언 리를 비롯하여

클라크 게이블, 올리비아 드 하빌랜드, 레슬리 하워드,

해티 맥대니얼 등 명배우의 대표작으로 손꼽히고 있습니다.

'바람과 함께 사라지다'의 작가 마거릿 미첼은

원래 조지아주 애틀랜타에서 발행하던 신문의 기자였지만
예상치 못한 사고로 다리를 다쳐 큰 수술을 받아야 했고,
회복 기간엔 집에서만 지내야 했습니다.
자기 일에 큰 자부심이 있던 그녀는
이 사실에 낙심했지만 이내 마음을 다잡고
책을 쓰기 시작했습니다.

그리고 10년간의 집필 끝에 원고가 완성되었지만
어느 출판사에서도 선뜻 무명작가의 책을
내겠다고 하지 않았습니다.

우연히 신문을 보다 뉴욕에서 제일 큰 맥밀런 출판사의 사장
레이슨이 애틀랜타에 온다는 것을 알게 된 그녀는
기차역으로 찾아가 그를 붙잡았습니다.
"사장님, 제가 쓴 소설 원고예요. 꼭 좀 읽어봐 주세요."

레이슨은 원고를 받았지만, 관심이 없었습니다.
이 모습을 본 미첼은 자신의 원고를 읽어 달라며
레이슨에게 계속 전보를 보냈습니다.
미첼의 계속된 끈질김에

결국 '바람과 함께 사라지다'가 출판되었고
큰 성공을 거두게 되었습니다.

책에는 그녀의 의지가 보이는 문장이 있습니다.
"모진 운명은
그들의 목을 부러뜨릴지는 모르겠지만
마음을 꺾어 놓지는 못했다.
그들은 우는소리를 하지 않았다.
그리고 싸웠다."

기회는 어느 날 자연히 찾아오는 행운이 아닙니다.
오히려 무언가를 찾고자 하는 사람들에게
발견되는 것이 기회입니다.
하지만 찾아온 기회를 놓치지 않고
자신의 것으로 만들기 위해서는 최선을 다해야 합니다.

66 오늘의 명언 99

기회는 노크하지 않는다.
그것은 당신이 문을 밀어 넘어뜨릴 때 모습을 드러낸다.

- 카일 챈들러 -

038

꽃다발을
전해 주세요

백혈병을 앓고 있는 어린 소년이 있었는데
소년은 자신이 죽으면 혼자 남겨질
엄마가 걱정이었습니다.
그러던 어느 날, 소년은 한 꽃집 앞을 지나다
꽃집 주인에게 말했습니다.
"앞으로 매년 엄마 생일날에 드릴
꽃다발을 주문하고 싶어요."

소년은 자신의 주머니에서 가지고 있던 돈을
전부 꺼내 꽃집 주인에게 건넸습니다.
한참 부족한 금액이었지만, 소년의 사연을 들은

꽃집 주인은 그렇게 해주겠다고 약속했습니다.

몇 달 후 소년이 말한 날짜가 되자

꽃집 주인은 약속대로 예쁜 꽃다발을 만들어

소년의 집으로 향했습니다.

"아드님이 당신을 위해 주문한 꽃입니다.

생일을 진심으로 축하드립니다."

축하와 함께 꽃을 건네자

소년의 엄마는 깜짝 놀라며 믿기지 않는 듯한

표정을 지었습니다.

사실 소년은 투병 끝에 결국 한 달 전에

세상을 떠난 것이었습니다.

자신이 함께 축하해주지 못할

앞으로의 엄마의 생일을 챙겨주고 싶었던

소년의 애틋하고도 대견한 마음에

꽃집 주인과 소년의 어머니는 한참을 울었습니다.

누구나 시간이 되면 사랑하는 사람을 떠나보냅니다.

사랑한 사람이 떠난 빈자리는 시간이 지나도

메꿔지지 않는 허전함이 남습니다.

그리고 못 해준 것들이 남아 후회가 됩니다.

하지만 남은 사람들이 해야 할 것은

후회나 자책보다는 느껴지는 빈자리의 크기만큼의

사랑일 것입니다.

사랑한다면 늦었을 때란 없습니다.

우리를 살게 하는 힘은 여전히 사랑,

사랑입니다.

❝ 오늘의 명언 ❞

사랑한다는 그 자체 속에서
행복을 느낄 수 있어서 사랑하는 것이다.

- 블레즈 파스칼 -

039

있는 그대로
사랑하라

할리우드 유명 배우 '피어스 브로스넌'은

'007 골든아이'로 5대 제임스 본드에 발탁되면서

총 네 편의 영화에서 제임스 본드 역할을 맡았습니다.

아일랜드에서 태어난 그는

어린 시절 부모의 이혼으로 외조부모 밑에서 자랐는데

그 때문인지 피어스 브로스넌은

가족에 대한 애정이 상당히 각별했습니다.

피어스 브로스넌의 부인인 카산드라 해리스는

1991년 12월 난소암으로 세상을 떠났는데

아내가 전남편 사이에서 난 아이들도

모두 입양하여 친자녀와 차별 없이 키웠다고 합니다.

그렇게 10년의 세월이 지나
지금의 아내 킬리 쉐이 스미스를 만나 재혼하여,
두 아들을 낳은 피어스 브로스넌은 여전히
모든 가족들을 사랑하는 남편이고 아버지였습니다.

그런데 킬리 쉐이 스미스는 출산 이후 급격히
살이 쪄서 심각한 비만 체형이 되었습니다.
이 모습을 파파라치들이 사진으로 찍어
대중에게 흥밋거리가 되기도 했습니다.
과거 모델처럼 멋진 몸매를 가졌던 그녀가 뚱뚱해진 것이,
마치 고소하다는 듯이 악플을 달자
피어스 브로스넌이 그 사람들에게 일침을 날렸습니다.

"아내의 체중을 줄이기 위해 누가 수술도 제안했지만
나는 아내의 모든 것을 사랑합니다.
내 눈에는 그녀가 가장 아름다운 여성입니다.
과거에는 그녀의 외모뿐만 아니라
그 사람의 됨됨이도 진심으로 사랑하고 있었는데,

지금은 내 아이의 엄마로서 더욱 사랑하고 있습니다.

나는 그녀를 매우 자랑스럽게 생각하며,

그녀의 사랑에 합당한 사람이 되기 위해

계속 노력할 것입니다.”

사랑한다면, 고된 일도 힘들지 않습니다.

사랑한다면, 자신감도 더해집니다.

사랑한다면, 모든 것이 아름다워집니다.

사랑한다면, 무엇보다 자신이 행복해집니다.

오늘도 사랑하십시오.

참마음으로, 영원할 것처럼,

열심히, 진실하게….

66 오늘의 명언 99

> 사랑에는 한 가지 법칙밖에 없다.
> 그것은 사랑하는 사람을 행복하게 만드는 것이다.
>
> – 스탕달 –

040

엄마는 절대로
널 떠나지 않을 거야

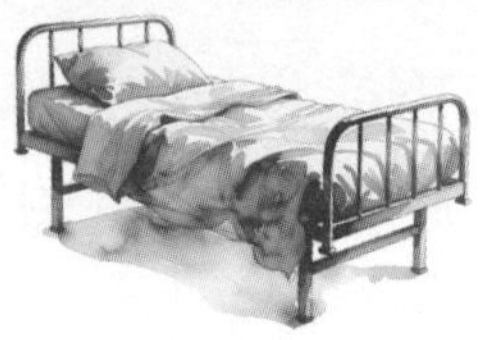

1970년 1월, 당뇨병을 앓고 있던
17세의 '에드워다 오바라(Edwarda O'Bara)'는
감기를 앓던 중에 먹은 당뇨병 치료 약이
혈류에 녹아들지 않는 상황이 발생했습니다.

에드워다는 즉시 병원 응급실로 실려 갔고
병원 침대에 누워 점점 의식을 잃어갔습니다.
신장 기능이 상실되고 심장박동도 멈췄다가
다시 뛰기 시작했을 때는 이미 뇌에 손상을 입어
안타깝게도 식물인간이 되었습니다.

자신에게 찾아올 불행을 의식했는지
에드워다는 의식이 가물가물해지는 속에서
엄마에게 말했습니다.
"엄마, 내 곁을 떠나지 않겠다고 약속해요.
엄마, 정말 떠나지 않을 거지?"
"그럼, 엄마는 네 곁을 단 한 순간도
떠나지 않을 거야. 약속할게."
그것이 모녀가 나눈 마지막 대화였습니다.

의사는 에드워다가 6개월을 넘기기 힘들 거라며
마음의 준비를 하라고 했지만, 엄마는 포기하지 않았고
딸과의 약속을 지키기 위해 노력했습니다.

엄마는 딸이 종기나 욕창이 생기지 않도록
두 시간마다 딸의 몸을 뒤집어 주었습니다.
네 시간마다 딸의 혈액을 채취해 혈당을 체크하고
인슐린을 주사했습니다.
그리고 매일 12번에 걸쳐 음식을
튜브로 주입해 주고 대소변을 처리했으며
한 번에 2시간 이상 잠들지 못하고

쪽잠을 자며 딸을 돌봤습니다.

무려 38년 동안 어머니는 식물인간이 된 딸을
그렇게 돌보며 약속을 지켰습니다.

하지만 시간의 흐름은 너무도 무정했습니다.
에드워다를 38년 동안 쉬지 않고 지키던 엄마는
몸이 늙어 쇠약해졌고,
2008년, 딸의 손을 꼭 잡은 채
에드워다의 여동생 콜린에게
언니를 부탁한 후 숨을 거뒀습니다.

영원히 네 곁에 있겠다는 엄마의 약속은
이렇게 동생 콜린에게 이어졌습니다.

콜린은 직장을 그만두고 엄마의 약속을 이어받아
언니를 지극 정성으로 돌봤고,
에드워다는 그 후 4년을 더 살다 세상을 떠났습니다.

세상 모든 엄마는 먹지 않아도 배부르고,

얇게 입어도 춥지 않으며,

잠자지 않아도 졸리지 않습니다.

엄마니까요.

그래서 어머니의 사랑은 세상 어느 것보다

가장 완전하며, 가히 희생적이고

영원하고 숭고합니다.

신은 곳곳에 가 있을 수 없으므로
어머니들을 만들었다.

- 탈무드 -

041

행운을 끌어당기는
노력의 힘

어떤 한 청년이 냇가를 거닐다가

무심코 발밑을 보니까 개구리 한 마리가

불어난 물에 쓸려가지 않으려고

늘어진 버들가지를 향해

온 힘을 다해 점프하고 있었습니다.

하지만 안타깝게도 아무리 애를 써도

개구리의 점프로는 가지에 닿을 수 없어 보였습니다.

높이가 상당히 높았기 때문입니다.

그런 개구리의 모습을 보고

청년은 코웃음을 치며 생각했습니다.

'참으로 어리석은 개구리야.
너의 행동은 안타깝지만, 의미 없는 노력일 뿐이야.
가능한 걸 노력해야지….'

그런데 그때 강한 바람이 휘몰아쳤고
이 바람에 버들가지가 휙-하고
개구리가 있는 쪽으로 크게 휘어졌습니다.
그 순간 마침내 개구리는 버들가지를 붙들고는
수면 위로 조금씩 올라간 뒤
뭍으로 폴짝폴짝 뛰어갔습니다.

개구리는 목숨을 다해 노력한 끝에
한 번의 우연을 행운으로 바꾼 것입니다.
이를 지켜본 청년은 자신의 어리석음을 후회하며
큰 깨달음을 얻었습니다.
'나는 저 개구리만큼의 노력도 해보지 않고
이제껏 안될 거라는 생각만 했구나!'

행운은 우리가 어떻게 할 수 없고

언제 다가올지도 알 수 없습니다.

하지만 준비하고 있으면 잡을 수 있습니다.

준비하지 않았다면 아무것도 잡을 수 없습니다.

어떻게 보면 당신에게 찾아온 행운도

열심히 쌓아온 노력의 결과입니다.

❝ 오늘의 명언 ❞

나는 내가 더 노력할수록
운이 더 좋아진다는 걸 발견했다.

– 토마스 제퍼슨 –

042

그것이
부모의 사랑

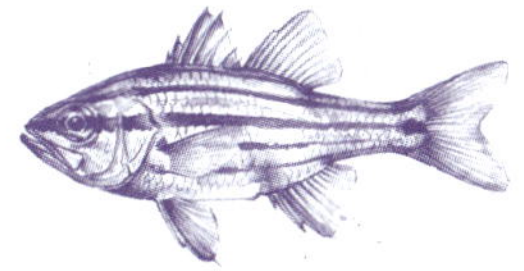

제주도 연안에서 흔하게 발견되는

줄도화돔(농어목 동갈돔과)이라는 물고기가 있습니다.

무리를 이루어 살아가지만, 가만히 관찰해 보면

암수 한 쌍이 각각 짝을 이루고 있습니다.

줄도화돔은 부화 방법이 특이한데

부성애가 강한 물고기로도 유명합니다.

암컷이 알을 낳으면

수컷이 그 알을 입속에 머금은 후 부화시킵니다.

그리고 알에서 부화 후에도

독립하여 생활할 수 있을 때까지

치어들을 입안에 머금으며 천적으로부터 보호합니다.

그런데 그 오랜 시간 동안 수정란과 치어들에게
신선한 물과 산소를 공급하기 위해
이따금 입을 뻐끔거릴 뿐
수컷은 먹이를 전혀 먹지 않습니다.

치어들이 성장해서 수컷의 입을 떠나고 나면,
아무것도 먹지 못한 수컷은 점점 쇠잔해지고,
더러는 기력을 다 잃어 죽기도 합니다.

죽음이 두려우면 입안에 있는 알들을
그냥 뱉으면 그만이지만, 수컷은 죽음을 뛰어넘어
자식을 향한 사랑을 선택합니다.

아낌없이 주는 게 사랑이라고 한다면
이 사랑의 표본은 바로 부모님일 것입니다.
자녀에 대한 부모의 사랑 깊이는
측정할 수 없습니다.
자식을 키우는 부모는 많은 것을 희생합니다.

자식을 위해 자신의 젊음을 바치고,

열정을 바치고, 꿈을 바칩니다.

자녀들을 위한 부모의 그 모든 희생은

기쁨이며 행복입니다.

그것이 부모입니다.

그리고 사랑입니다.

부모는 그대에게 삶을 주고도
이제 당신의 삶까지 주려고 한다.

– 척 팔라닉 –

043

내 맘에
드는 나

미국의 시사주간지로 유명한

더 타임지가 선정한 20세기 성공한 사람의 기준은

'남들이 부러워하는 나'였습니다.

그런데 21세기에 들어서자

사람들이 생각하는 성공의 기준이 바뀌었습니다.

그건 바로 '내 맘에 드는 나'입니다.

결국 나에 대한 자존감과 자부심,

그리고 사명을 깨달은 사람이

진정으로 성공한 사람이라는 것입니다.

내가 나를 소중히 생각하고 사랑해야 하며
지금 하는 일을 무엇보다 좋아하고
마음속 이야기를 나눌 수 있는 사람이 있을 때
인생은 정말 풍요로울 것입니다.

자기 자신의 장단점을 이해하고
완벽하지 않아도 괜찮다는 것을 받아들이고
자신에게 친절하게 말하고
따뜻한 말로 자신을 격려해 보세요.

남들 눈에 내가 어떻게 보이는 것이 아니라
살면서 자신의 내면을 돌아보고 살아온 날을
정리할 줄 아는 마음가짐이 중요합니다.
한 번뿐인 인생 소신껏 사세요.
그러나 살면서 자신에게 중간보고하는 건
절대 잊지 마시고요.

❝ 오늘의 명언 ❞

가장 현명한 사람은 자신만의 방향을 따른다.

- 에우리피데스 -

044

아내와
아침 식사

유난히 바쁜 어느 날 아침…

8시 30분쯤 되었을 때 어르신 한 분이

엄지손가락의 봉합침을 제거하기 위해

병원을 방문했습니다.

어르신은 9시에 약속이 있다며 빨리해 달라고

무척이나 재촉했습니다.

시계를 계속 들여다보는 어르신 모습에

내가 직접 치료해 주기로 마음먹고

궁금해 물어보았습니다.

"왜 이렇게 서두르시는 거예요?"

"근처 요양원에 입원 중인
아내와 아침 식사를 함께해야 합니다."

어르신의 아내는 알츠하이머병에 걸려
요양원에 입원 중이라고 하셨습니다.
그래도 왜 이렇게 서두르시는지
궁금하여 다시 물었습니다.
"어르신이 약속 시간에 늦으시면
아내께서 역정을 많이 내시나 봐요?"

"아니요, 제 아내는 나를 알아보지 못한 지
벌써 5년이나 되었습니다."
"아니 아내께서 어르신을 알아보시지도 못하는데
매일 아침 요양원에 가신단 말이세요?"

노신사는 미소를 지으며 치료 중인
나에게 말했습니다.
"아내는 여전히 나를 못 알아보지만,
나는 아직 아내를 알아볼 수 있으니깐요."

어르신께서 치료받고 병원을 떠난 뒤,
나는 흐르는 눈물을 애써 참아야 했습니다.
내가 그토록 찾아왔던 진정한 사랑의 모델을
드디어 발견했다는 기쁨에 너무나도 행복했습니다.

누군가를 사랑한다는 것은
서로의 마음을 함께 나누는 것입니다.
그리고 그 사람의 있는 그대로를
인정하고 받아들이는 것입니다.

부부란 둘이 서로 반씩 되는 것이 아니라
하나로써 전체가 되는 것이다.

- 반 고흐 -

 따뜻한 하루를 시작합니다

단점까지
받아들여야 한다

자신의 그림자를 보기 흉하다고 생각해

싫어하는 한 남자가 있었습니다.

그는 어떻게 하면 자신의 시커먼 그림자로부터

벗어날 수 있을지 고민했습니다.

남자는 답을 찾지 못하자

마을의 지혜로운 노인으로 소문난 분을

찾아가 물었습니다.

"어르신, 전 제 그림자가 정말 싫습니다.

그림자를 저에게서 떼어버릴 방법이

어떻게 없겠는지요?"

"그 방법이라면 내가 알고 있지.
한 번 힘껏 달려보게나.
제아무리 그림자라도 빨리 달리는 사람을
따라올 수는 없을 걸세."

다음 날, 남자는 노인이 시키는 대로
빠르게 달리기 시작했습니다.
힘껏 달리다 뒤를 돌아보기를 반복했지만,
남자의 예상과 다르게 그림자는 떨어지지 않고
발아래 그대로였습니다.

실망한 남자는 노인을 찾아가
따져 물었습니다.
"이것이 어떻게 된 일입니까?
하루 종일 힘껏 뛰었는데도
그림자가 그대로이지 않습니까?"

"나는 그림자를 떼어버릴 수 없다는 것을
자네에게 알려주고 싶었던 것이라네.
아무리 싫고 못난 것이라도 그림자는 자네의 일부일세.

그걸 온전히 받아들이지 않고 쳐내기만 한다면
자네는 평생 행복할 수 없을 걸세."

누구에게나 단점이 있을 수 있습니다.
하지만 자신의 단점을 감추기보다 드러내고 품을 때
스스로를 사랑할 수 있습니다.

내 경험으로 미루어 보건데,
단점이 없는 사람은 장점도 거의 없다.

- 에이브러햄 링컨 -

046

사랑을
미루지 말라

러시아의 대문호이자 사상가인 '톨스토이'가

여행 중 한 여인숙에 들렀을 때 일입니다.

하룻밤을 지내고 다음 날 여인숙을 나오려 할 때

병중에 있던 여인숙의 여섯 살 난 어린 딸이

톨스토이가 들고 있던 빨간 가방이 갖고 싶다며

자신의 어머니에게 눈물까지 흘리며 조르고 있었습니다.

이를 본 톨스토이는 가방 안에 짐이 있으니

여행을 마치고 돌아오는 길에 가방을 주겠다고 약속했습니다.

며칠 후 톨스토이는 여인숙을 찾아갔습니다.

하지만 소녀는 이미 죽어 공동묘지에 묻힌 뒤였습니다.

톨스토이는 소녀의 무덤을 찾아가 가져온 가방을
무덤 앞에 놓고 비석을 세워주었습니다.

톨스토이는 만약 그때 여인숙 어린 딸에게
선뜻 가방을 내주었더라면 그 어린 딸은
기쁘고 행복한 마음에 생명의 끈을
조금 더 붙잡았을 수도 있었을 것이라면서
자신의 선택을 후회했습니다.

그리고 여자아이의 비석에
'사랑은 미루지 말라'는 글귀를 새겨 넣었다고 합니다.

사랑을 실천하는 일에 망설이지 마세요.
세상에서 가장 아름다운 사랑은 지금 이 순간,
가장 가까운 곳에 있습니다.

❝ 오늘의 명언 ❞

내가 이해하는 모든 것은 내가 사랑하기 때문에 이해한다.

– 레프 톨스토이 –

047

내 딸로 태어나줘서
고마워

저는 40살 초반의 나이를 바라보고 있습니다.

26살에 결혼하여 두 명의 아이를 가진 엄마이기도 합니다.

어려운 가정형편으로 2년제 대학교를 졸업하자마자

일을 시작하여 지금까지 열심히 직장에 다니는

워킹맘이기도 합니다.

오랫동안 몸이 불편하신 아빠를 돌보시는 엄마.

그런 엄마가 저희 아이들까지 봐주셔서

제가 직장 생활을 할 수 있었습니다.

10년 넘게 간병인 없이 자신의 삶을 포기하고

아빠를 돌보신 엄마의 새 신발 밑창은

항상 얼마 안 되어서 헌 신발의 밑창처럼
닳아 있었습니다.

그러던 7년 전 어느 여름날
그날도 아빠를 먼저 챙기시고
저희 아이들을 돌보러 오신 날입니다.
그런데 3일에 한 번씩 신장 투석을 하셔야 했던 아빠가
병원에 오시지 않는다는 전화 한 통에 엄마는
둘째 아이를 업고 다급하게 집에 가셨는데
아빠는 벌써 돌아가신 후였습니다.

그리고 세월이 흘러 엄마는 여행도 다니시고
몸과 마음에 여유가 생기셨지만,
아빠의 빈자리를 늘 아쉬워하십니다.

어느 날 분주하게 출근 준비하는 중에
엄마에게 한 통의 문자가 왔습니다.
그날은 제 생일이었습니다.
'사랑하는 딸! 오늘 생일 축하한다.
신발장, 네 구두 놔둔 곳을 보렴.'

구두 옆에는 20만 원이 들어있는 봉투가 있었습니다.
순간 울컥 눈물이 나오면서 엄마에게 전화해서
울먹이는 목소리로 엄마 용돈도 부족한데
왜 이렇게 많이 넣었냐고 했습니다.

"아버지 살아계실 때 네가 고생이 많았다.
늘 어려워 생일날에도 미역국 끓여 주는 게 다였는데,
올해는 내 딸을 꼭 챙겨주고 싶었단다.
고마워, 내 딸로 태어나줘서…"

눈앞이 눈물에 가려 보이지 않았습니다.
아이들이 저에게 갑자기 왜 우냐고 물었지만,
정말 감사하고 기뻐서 운다고 말하곤 출근했습니다.

그리고 엄마에게 문자를 보냈습니다.
'당신이 나의 엄마가 되어주셔서 감사합니다.
이제는 건강하게 오래오래 저희 곁에 함께 있어 주세요.
진심으로 사랑합니다.'

주고 또 주어도 더 주지 못해 늘 안타까운 사람.

자식을 위해서라면 어떤 희생도 마다하지 않는 사람.

고향집의 아랫목처럼 언제나 그립고 따뜻한 사람.

듣기만 해도 먹먹해지는 이름, 그 이름은

'엄마'입니다.

청춘은 퇴색되고 사랑은 시들고
우정의 나뭇잎은 떨어지기 쉽다.
그러나 어머니의 은근한 희망은 이 모든 것을
견디며 살아 나간다.

– 올리버 홈즈 –

048

구겨진
신발

저는 지역아동센터에서 아이들을 가르치고 있습니다.
그중에서 12살인 찬호(가명)는 또래에 비해서
어른스러운 아이였습니다.

어느 날, 길을 가다가 우연히 찬호를 만났는데
제 눈에 신발을 꾸겨 신고 있는 모습이 보였습니다.
이럴 땐 어쩔 수 없는 어린아이구나 싶고,
물건을 소중히 사용하는 법도 가르쳐주고 싶어서
주의를 주기로 했습니다.
"찬호야, 신발을 예쁘게 신어야지,
그렇게 꾸겨 신으면 금방 망가지는 거야.

앞으로 꼭 바르게 신고 다녀야 한다.”
“네, 선생님….”

다음 날, 아동센터에서 아이들을 기다리는데,
찬호가 여전히 신발을 꾸겨 신은 채 들어와서
이번에는 혼을 내야겠다고 생각하고
찬호에게 말했습니다.
“어제 선생님이 분명히 이야기했는데,
왜 이렇게 신발을 또 구겨 신지?
바르게 신어야지!”

그런데 생각지 못하게 고개를 푹 숙인
찬호가 눈물을 떨구었습니다.
“선생님, 죄송해요.
저 신발이 작아서 구겨서라도 신지 않으면
신을 수가 없어요.”

순간 저는 아무 말도 할 수 없었습니다.
부모님 두 분은 청각장애가 있고
다섯 명의 식구가 생활하기도 벅찬

어려운 가정 형편인 것을 알고 있었는데
왜 그걸 생각하지 못했을까요?

찬호에게 상처를 줬다는 미안한 마음에
꼭 껴안아 주며 말했습니다.
"찬호야, 선생님이 너무 미안해."

저는 그날 신발이 꽉 끼어 아팠을 찬호에게
신발을 선물해 주었습니다.

따뜻한 하루는 오래전부터 찬호네 가정에
매월 생계비를 지원하고 있습니다.
또래보다 왜소한 찬호지만, 건강하게 자라도록
더 많이 사랑하겠습니다.

66 오늘의 명언 99

사랑은 찾는 것이 아니다.
사랑은 당신을 발견하는 것이다.

- 로레타 영 -

049

준비된 자에게 찾아오는 우연

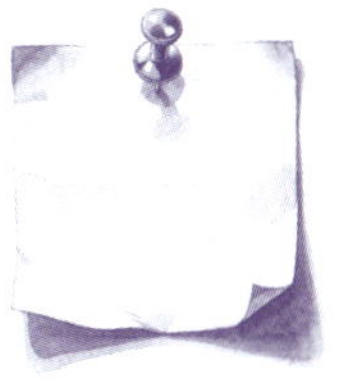

세렌디피티의 법칙(Serendipity's Law)이란
노력한 끝에 찾아온 우연한 행운을 말합니다.
18세기 영국 작가 호레이스 월폴의
페르시아 동화 '세렌디프의 세 왕자'라는 내용에서
처음 유래된 이론입니다.

동화 속 왕자들이 생각지 못한 행운으로
어려움을 이겨내는 이야기에서 그 의미가 생겨난 것인데
왕자들은 전설의 보물을 찾아 떠나지만
보물을 찾지 못하고 그 대신 계속되는 우연으로
지혜와 용기를 얻는다는 내용입니다.

사과가 떨어지는 것을 보고 중력의 법칙을 발견하거나,
모래 위에 불을 피우다 유리를 개발하거나,
목욕탕에서 넘치는 물을 보고 부력의 원리를
알아내는 것이 해당됩니다.

사무공간에서 흔히 사용되는 '포스트잇'도
비슷한 상황에서 만들어졌습니다.
스펜서 실버란 연구원이 강력접착제를 개발하려다가
실수로 접착력이 약하고 끈적거리지 않는
접착제를 만들었습니다.

누가 봐도 실패한 연구였지만
이를 보고 동료가 다음과 같은 아이디어를 냈습니다.
"꽂아 둔 책갈피가 자꾸 떨어져 불편했는데
이 접착제로 책갈피를 만들자!"

결국 이 접착제로 '포스트잇'이 만들어졌고
3M을 세계적인 회사로 만들었습니다.

심리학자들은 이런 행운은 최선을 다한

이들에게만 찾아온다고 해서 세렌디피티의 법칙을

'준비된 자에게 찾아오는 우연'이라고 부릅니다.

우리 모두가 각자의 자리에서

준비하고 노력하면

세렌디피티의 행운이 찾아올 것입니다.

나는 운의 존재를 믿고 있다.
그리고 그 운은 내가 노력하면 할수록
내게 달라붙는다는 것을 알고 있다.

- 토머스 제퍼슨 -

050

야유 속에
한 사람의 포옹

미국 프로야구 메이저리그에 흑인 최초로 입성한
야구선수 재키 로빈슨은 1947년 신인왕에 올랐고
세 번째 시즌에서는 MVP에 뽑히기도 했으며
데뷔 50주년이 되던 해에는 미국 프로야구 모든 팀이
그의 등 번호였던 42번을 사용할 수 없게
영구 결번시키기도 했습니다.

하지만 과거 엄청난 인종차별을 겪었는데
1947년 5월 14일 브루클린 다저스 선수였던 그는
신시내티 레즈 팀과 원정경기를 갖게 됩니다.
상대 투수는 그의 몸을 향해 공을 던졌고,

타석에서 1루에 갈 때는 상대 팀 1루수의
발길질과 폭언에 시달려야 했습니다.
관중들은 그에게 살해 협박을 아무렇지도 않게 내뱉었고,
경기장에 나선 그를 향해 무지막지한 욕설과
야유를 계속 퍼부었습니다.

경기장은 폭동이 일어나지 않을까 할 정도로
최악으로 치닫게 되어 경기를 진행할 수 없는
상황이 되었습니다.

그때 다저스 유격수인 피 위 리즈가 자기 자리를 떠나
1루수의 재키 로빈슨의 옆에 가서 글로브를 벗고는
모든 사람이 지켜보는 앞에서 그를 끌어안았습니다.
둘은 가볍게 웃으며 담소를 나누었고,
적대적인 분위기에 휩싸였던 경기장은
한순간 정적에 휩싸였습니다.

수많은 미국인이 지켜보는 앞에서
백인 피 위 리즈가 흑인 재키 로빈슨을 끌어안은
이 사건은 미국에 큰 영향을 끼쳤습니다.

훗날 재키 로빈슨은 이때를 회상하며
자기 어깨를 감싸준 피 위 리즈의 팔이
자신의 인생에 희망을 줬다고 고백하였습니다.

한 사람의 따뜻한 배려와 사랑은
타인에게는 큰 힘이 되어 줄 수 있습니다.
한 사람의 힘으로 할 수 있는 일이 작아 보인다고 해서
주저하거나 포기하면 안 됩니다.
한 사람의 헌신적인 사랑이
세상을 좀 더 빨리 바꿀 수도 있습니다.
사랑은 전하고 나눌수록 더욱 커진다고 합니다.
하지만 전하지 않고 나누지 않고
자신의 손안에 꼭 쥐고만 있는 사랑은
아무것도 하지 못합니다.

66 오늘의 명언 99

사랑은 자신 이외에 다른 것도 존재한다는 사실을
어렵사리 깨닫는 것이다.

- 아이리스 머독 -

3부
감사의 넝쿨을
가꾸자

051

작은 것에
감사해야 한다

19세기 프랑스를 대표하는 화가인
장 프랑수아 밀레(Jean-François Millet)는
노르망디의 작은 마을 그레빌의 농가에서 태어났습니다.
가난했던 가정 형편으로 겨울에는 땔감도 없이
생활해야 했습니다.

이러한 어려운 환경 속에서 자란 그는
바르비종이라는 농촌 마을에 살면서
농민들의 고단한 일상을 사실적으로 묘사한
'씨 뿌리는 사람', '이삭 줍는 여인들',
'만종' 등 여러 작품을 그렸습니다.

그중에서도 '만종'은 그의 대표작이면서
세계적인 명작으로 알려져 있습니다.

그림을 보면 노을 진 들판에 밭 갈퀴와 손수레,
수확한 감자가 담긴 바구니가 놓여있습니다.
그리고 가난하지만, 열심히 살아가는 한 부부가
멀리 교회에서 울리는 종소리를 들으며
기도를 올리고 있는 모습입니다.

부부는 해가 질 때까지 밭을 갈아서
몇 알의 감자만 얻은 것을 유추할 수 있는데,
비록 가난하고 힘겨운 삶 속에서도
작은 것에 감사할 줄 아는
농부의 모습이 담겨 있습니다.

살면서 작은 것에도 감사함을 표현한다면
혹시 힘들어하는 어떤 사람들에게는
위로의 선물이 되지 않을까요.
내가 따뜻하면 내 주변에도
따뜻한 사람들이 모여드는 것 같습니다.

따뜻한 사람들이 사는 곳

내가 사는 대한민국을 따뜻하게 만들어가는 건

바로 우리입니다.

감사하는 법을 배울 때
우리는 인생에서 나쁜 일이 아니라
좋은 일에 집중하는 법을 배운다.

- 에이미 밴더빌트 -

052

위대한
긍정의 힘

어느 마을 다리 밑에 남루한 옷차림으로

구걸하는 걸인 두 사람이 살고 있었습니다.

그들이 사는 그 다리 입구 쪽에는

기념 비석이 세워져 있었는데

거기에는 다리를 세우기 위해

십시일반 돈을 모은 사람들의 이름이

새겨져 있었습니다.

한 걸인은 그 기념 비석을 볼 때마다

언제나 욕을 해댔습니다.

"에이! 양심도 없는 놈들!

돈 많은 것들이 이것 가지고 생색내기는…."

그러나 다른 걸인은 전혀 다르게 말했습니다.
"그래도 참 고마운 사람들 아닌가.
우리에게 그늘도 만들어 주고 비를 피할 수 있도록 해주고
많은 사람들이 안전하게 건너갈 수 있게 해 주니 말일세.
나도 언젠가 이 사람들처럼 좋은 일을
할 수 있었으면 좋겠네."

그로부터 30년이 지난 후
그 다리 옆에 새로 큰 다리가 세워졌습니다.
그리고 기념 비석에 새겨진 이름 중엔
고마운 마음을 가졌던
그 걸인의 이름도 들어 있었습니다.

그는 넝마주이를 시작으로 열심히 일하여
마침내는 건재상을 경영하는 부자가 되어
기부하였던 것입니다.
그러나 항상 욕했던 다른 걸인은
여전히 그 다리 밑에서 살고 있었습니다.

긍정의 힘은 위대합니다.

내게 주어진 고난과 역경에 지배당하지 않고

모든 것에 감사하는 마음으로 하루를 시작할 수 있다면

우리의 삶도 분명 행복해질 것입니다.

66 오늘의 명언 99

사람은 행복하기로 마음먹은 만큼 행복하다.

- 에이브러햄 링컨 -

053

감사함을
잊지 말자

영국의 여왕이 나라에 큰 공을 세운 이들에게
영예의 십자 훈장을 수여할 때의 일이라고 합니다.
훈장을 받기 위해 모인 사람 중에는
전쟁 중에 큰 부상을 당해 팔과 다리를 모두 잃은
병사도 있었습니다.

훈장을 달아주던 여왕이 병사 앞에 섰습니다.
그 병사를 보는 순간 여왕은 눈물을 참을 수가 없었습니다.
나라를 위해 모든 것을 바친 병사의 모습이
큰 감동으로 와닿았기 때문이었습니다.

여왕은 훈장 다는 것을 멈춘 채
뒤로 돌아서서 한참이나 눈물을 닦았습니다.
얼마 후 여왕을 통해 훈장을 목에 건 병사는
자신을 위해 눈물을 흘린 여왕을 위로하며
이렇게 말했습니다.
“조국을 위해서라면 다시 한번
제 몸을 바쳐서 싸우겠습니다.”

병사를 감동하게 한 것은 훈장이 아니라
여왕의 눈물이었던 것이었습니다.
훈장의 의미도 소중했겠지만, 자신의 희생을
고귀하게 받아주는 여왕의 눈물이
병사로 하여금 자신의 희생이 헛되지 않았음을
깨닫게 해 주었습니다.

잘 자고 잘 먹고 열심히 일도 하며
하루를 시작하고 마무리합니다.
그럼에도 우리는 잘 알지 못합니다.
우리가 어떻게 평온한 일상을 계속 살아가는지….

나의 하루는 내가 잘 보내서 생긴 하루가 아니라

누군가의 노력으로 보내는 하루라는 것을

잊지 않았으면 좋겠습니다.

감사하는 것은 우리 마음속에 있는
좋은 것을 기억하는 것이다.

- 장 마시외 -

054

변화를
두려워하지 않는 마음

우리는 지루함을 느낄 때마다 변화를 원합니다.

더 나은 삶을 꿈꿀 때도, 재능을 발전시키고 싶을 때도

새로움을 추구합니다.

새로운 것들은 기존의 틀을 깨뜨리고,

익숙함을 뒤흔들며 다가옵니다.

그런데 아이러니하게도,

우리는 변화를 원하면서도 정작 기존의 틀을

깨는 것은 두려워합니다.

새로워지고 싶으면서도 기존에 해오던

익숙한 것들을 놓지 못하는 것이죠.

새로운 도전은 늘 혼란을 동반합니다.
안정적으로 유지해 오던 일상이 흐트러지고,
예상치 못한 지출이 생기며,
행동반경의 변화가 생기는 등
불필요해 보이는 에너지를 써야 하는 일이 생기는 것입니다.

어쩌면 변화에 불편함이 따르는 것은
당연한 이치일 수 있습니다.
우리에게는 원래 상태를 유지하려는 본능,
낯선 길보다는 익숙한 길로 돌아가고자 하는
본능이 더 크기 때문입니다.

결국 이 싸움에서 무엇이 승리하느냐에 따라
삶의 방향이 결정됩니다.
안정된 틀 안에서만 머무른다면,
새로움은 찾아오지 않을 것입니다.

스펜서 존슨이 쓴 책
'누가 내 치즈를 옮겼을까'에서는
발 빠르게 대처하는 스커리,

새로운 도전을 하기 위해 떠나는 허,
변화를 두려워하는 헴을 통해 각각 변화에
대처하는 모습을 보여줍니다.

이처럼 각자 다르게 변화를 맞이합니다.
그러나 공통점이 한 가지 있습니다.
직접 변화를 겪기 전까진 그 결과는
아무도 모른다는 것이죠.

하지만 변화를 통해 광활한 우주를
경험할 수 있는 것처럼 더 넓은 안목을 위해
용기 내어 보세요.

66 오늘의 명언 99

당신이 늘 하던 대로 살아간다면
당신은 기존에 얻었던 것만 얻을 것이다.

– 헨리 포드 –

055

쓰리 핑거

미국 프로야구 메이저리그 역사상 불가능을 가능으로
만들었던 선수가 있습니다.
바로 통산 239승, 130패 49세이브, 방어율 2.06 ERA,
탈삼진 1,375개를 기록으로 메이저리그에서
위대한 투수로 활약한 '모데카이 브라운'입니다.

어릴 적 아버지를 따라 간 농장에서
농기구에 손가락이 끼이는 사고를 당한 그는
오른쪽 검지의 대부분을 잃고, 소지가 구부러지며,
중지가 부러진 채로 성장했지만, 세 손가락의 투구로
메이저리그를 호령하는 투수가 되었습니다.

그가 던지는 강속구와 변화구는 수많은 타자를 따돌려
'쓰리 핑거 투수'라는 별명으로도 유명합니다.

누구도 그가 투수가 될 것으로 생각하지 못했습니다.
하지만 그는 피나는 노력을 거듭한 끝에
자신만의 새로운 커브볼을 만들어냈고,
어떤 타자도 마음 놓고 칠 수 없는 공을 던졌습니다.
결국 1949년, 모데카이 브라운은 미국 야구 명예의 전당에
이름을 올린 전설적인 인물이 되었습니다.

인생은 실패할 때 끝나는 것이 아니라
'포기할 때 끝나는 것'이라는 말이 있습니다.
우리가 인생을 살아가면서 가져야 할
가장 강력한 삶의 무기는 최선을 다해
주어진 삶을 마주하고 감사하며 살아가는 것입니다.

66 **오늘의 명언** 99

내 뒤틀리고 초라한 손은 축복이었다.

- 모데카이 브라운 -

056

속도를 줄여야
사람이 보인다

횡단보도에 걸려 있던 한 현수막이 눈길을 끌었습니다.

"속도를 줄이면 사람이 보입니다."

짧고 간단한 안전 운전 광고 문구였지만,

그 말은 쉽게 잊히지 않았습니다.

요즘 세상은 속도가 곧 성공과 능력을 의미하는 시대입니다.

더 빠르게, 더 앞서 나가는 것을 중요시하며

그러다 보니 속도는 곧 경쟁력을 상징하게 되었습니다.

그러나 속도를 높이는 데만 집중하다 보면

중요한 것들을 놓치기 쉽습니다.

횡단보도 앞에서도 속도를 줄이지 않는 운전자처럼,
빠름만을 추구하다 보면 인생에서 가장 중요한
소중한 사람들을 보지 못하게 됩니다.
때로는 누군가의 아픔도, 도움의 손길도 알아채지 못한 채
그냥 지나쳐버리는 경우도 꽤 많이 있습니다.

속도를 줄이면 안전과 평안뿐 아니라,
더 깊은 관계와 감사와 진정한 행복을 느낄 수 있습니다.

인생에서 속도를 줄이는 것이 중요합니다.
가끔은 멈춰서 주변 사람들을 돌아봐야 합니다.
속도를 줄이면 삶이 평온해지는데
감사와 행복은 그 속에서 자연스레 피어날 것입니다.

66 **오늘의 명언** **99**

속도를 줄이고 인생을 즐겨라.
너무 빨리 가다 보면 놓치는 것은 주위 경관뿐이 아니다.
어디로 왜 가는지 모르게 된다.

– 에디 캔터 –

057

링컨과
구두

링컨이 대통령에 당선되었을 때의 일입니다.
일부 귀족 출신들은 그의 아버지가 구둣방을 운영했다는
사실을 빌미로 링컨을 깎아내리려 했습니다.

대통령 취임식 날,
링컨이 단상에 올라 연설을 준비하고 있을 때,
한 나이 든 귀족 의원이 링컨을 향해 말했습니다.
"당신이 대통령 자리에 오른 것은
놀라운 일이지만, 절대 잊지 마시오.
당신은 한때 아버지와 함께 우리 집에
구두 주문을 받으러 다니던 사람이었소.

여기 있는 의원 중에는 당신 아버지가 만든

구두를 신고 있는 사람도 있소.”

링컨은 북받치는 감정을 억누른 뒤

차분하게 말했습니다.

“이 역사적인 자리에서 연설하기 전

소중한 아버지를 기억하게 해 주셔서 감사합니다.

아버지는 아주 훌륭한 구두 수선공이었습니다.

혹시 여러분 중에 제 아버지에게

구두를 수선받았는데 망가진 구두를 갖고

계신 분 있으면 제게 맡겨주십시오.

저도 아버지 어깨너머로 배워서 구두를 수선할 줄 압니다.

저는 그런 아버지를 두었다는 것이 정말 자랑스럽습니다.”

링컨의 따뜻하면서도 품위 있는 대답에

그를 비난했던 의원들은 더 이상 아무 말도 하지 못했습니다.

링컨이 아버지에게서 배운 것은 단순히

구두를 만드는 기술만이 아니었습니다.

그는 아버지로부터 성실함과 용기,

그리고 사람을 존중하는 마음을 배웠습니다.

부모를 존경하고 감사하는 마음은

우리 삶에 깊은 교훈과 힘을 가져다줍니다.

링컨의 대답은 그 사실을 우리에게

다시 한번 일깨워줍니다.

인생
최고의 날

이모젠 커닝햄(Imogen Cunningham)은

열여덟의 어린 나이에 사진작가가 되기로 결심한 후

세계 3대 여류 사진작가로 손꼽히며

70년의 세월을 카메라 뒤에서 살아왔습니다.

대학생 때 장학금을 받기 위해 찍은

식물 사진을 시작으로 사진 예술에 매료된 그녀는

사진의 프레임을 그림의 캔버스처럼 상상하며

본격적으로 빠져들기 시작했습니다.

그리고 1976년 93세의 나이로 생을 마감하기까지

카메라를 놓지 않았는데

그런 그녀에게 한 기자가 진지하게 물었습니다.

"평생 찍은 사진 중에서 가장 아끼는
최고의 명작은 어떤 것입니까?"

그러자 그녀는 창문 너머로 시선을 돌리며
기자에게 말했습니다.
"아마 내일 찍게 될 작품일 것입니다."

가장 훌륭한 시는 아직 쓰이지 않았다.
가장 아름다운 노래는 아직 불리지 않았다.
최고의 날들은 아직 살지 않은 날들이며,
가장 넓은 바다는 아직 항해되지 않았고,
가장 먼 여행은 아직 끝나지 않았다.
불멸의 춤은 아직 추어지지 않았으며
가장 빛나는 별은 아직 발견되지 않은 별.

퓰리처상을 받은 튀르키예의 시인
'나짐 히크메트'의 '진정한 여행' 중에
나오는 구절입니다.

여러분도 어제보다 오늘이, 오늘보다 내일이

더 행복한 우리가 되었으면 좋겠습니다.

이 글을 읽는 모든 분에게 '인생 최고의 날'은

아직 오지 않았습니다.

새로운 시간 속에서 새로운 마음을 담아야 한다.

- 아우구스티누스 -

059

인생의
세 가지 불행

중국 송나라 성리학의 대표적 학자인 '정이'는
인생에는 세 가지 불행이 있다고 이야기했습니다.

첫째는 '소년등과(少年登科)'로
너무 이른 나이에 과거에 급제하는 것을 일컫습니다.
인생의 쓴맛을 보지 못한 사람이
단번에 벼슬을 얻는다면 쉽게 나태해지고,
교만해질 수 있기 때문입니다.

둘째는 '석부형제지세(席父兄弟之勢)'라고 하는데,
이는 권세 있는 부모, 형제를 두는 것을 뜻합니다.

자신의 노력으로 일군 것이 아니기 때문에

잘못하면 특권의식에 빠질 수 있으며,

어려움이 닥쳐도 끈기가 없어

쉽게 포기할 수 있기 때문입니다.

셋째는 '유고재능문장(有高才能文章)'으로

재능이 뛰어나고, 문장력이 탁월한 것을 뜻합니다.

뛰어난 재능을 갖고 태어나더라도

인격이 뒷받침되지 않으면 자만에 빠지고 우쭐하여

다른 사람들에게 외면당할 수 있기 때문입니다.

우리는 인생을 내리막길로 이끄는 인생삼불행(人生三不幸)을

행복의 기준으로 삼는 것 아닌지 생각해 봐야 합니다.

진정으로 행복한 삶을 살기 위해서는

가진것에 교만하지 않고 작은 것에도 감사해야 합니다.

지나침은 모자람만 못하다. (過猶不及)

– 논어 선진 편 –

060

부부로
산다는 것

부부란 결혼한 남편과 아내를 이르는 말입니다.

한자에서 부부(夫婦)의 부(夫)는 지아비라는 뜻이고,

부(婦)는 지어미라는 뜻으로, 둘이 나란히 서 있는 모습입니다.

지아비와 지어미라는 단어에서

'지'는 '짓다'를 의미하는데, 이는 한집에 사는

두 사람을 의미하기도 하는 것입니다.

부부(夫婦)라는 단어를 살펴보면

지혜로운 결혼생활이 무엇인지 잘 알 수 있습니다.

남편이 조금만 앞서나가도

부부 사이는 '두부'처럼 흐물흐물한 관계가 되고,

결혼 생활을 유지하기 힘들어집니다.

또한 아내가 조금만 앞서나가도

바닷가의 '부두'처럼 서로의 마음이 멀어져

다른 한 사람은 눈물을 훔치게 됩니다.

이렇듯 부부는 하나의 짝이라는 생각으로

누구 한 사람이 앞서나가지 않고,

함께 나란히 걸어가야 합니다.

부부유은(夫婦有恩).

부부 사이에도 은혜가 있어야 한다는 뜻입니다.

부부는 일심동체가 되어

서로 부족한 부분을 이해하고, 채워주고,

존중할 때 집안에는 사랑과 감사가 넘쳐나게 됩니다.

❝ 오늘의 명언 ❞

행복한 결혼 생활에서 중요한 것은 서로 얼마나 잘 맞는가보다
다른 점을 어떻게 극복해 나아가는가이다.

– 톨스토이 –

061

나이보다
일찍 늙기

선천성 조로증은 아이의 몸이 빠르게 노화되는
드문 유전적 상태를 말하는데 대부분의 아이들은
13세 이상 살지 못한다고 합니다.

태어난 지 2년 만에 선천성 조로증 진단을 받은
'헤일리 오카인스'가 있었습니다.
정해진 시간밖에 살지 못하는 그녀에게 인생은
살아가는 것이 아닌, 죽어가는 것이었을 거라고
사람들은 생각했습니다.

그러나 헤일리는 조금도 비관하지 않았습니다.

오히려 정해진 시간을 얼마나 행복하게 살다 갈지
그 기대감에 얼굴에서 웃음이 떠날 시간이 없었습니다.

의사가 예상한 그녀의 수명도 13살.
13년이란 시간이 주어진 헤일리는
비관하기보다는 소중히 여기기로 했습니다.
정말 소중한 시간이었으니까요.

그녀는 서두르지도 않았습니다.
13년이나 주어진 자신의 인생을 어떻게 하면 멋지게 살지
천천히 종이에 옮겨 적기 시작했습니다.

그렇게 작성된 버킷리스트 15가지.
그녀는 하나씩 실천해 나가기 시작합니다.
그렇게 그녀는 누구보다 멋진 인생을 살아갔습니다.

그녀는 의사가 정한 예상수명 14살이 되던 해
'나이보다 일찍 늙기(Old Before My Time)'를 출간하며
사람들에게 조로증 알리기와 기금 마련에도 힘써왔습니다.

열심히 공부한 그녀는 16살이 되던 해
어린 나이에 대학에 당당히 입학합니다.
그러나 그녀의 신체 나이는 이미 100살이 넘을 만큼
쇠약해져 있었습니다.

그녀는 2015년 17살이 되던 해,
조용히 숨을 거뒀습니다.

그녀는 비록 짧은 인생이었지만
누구보다 값진 인생을 살았고,
자신과 같은 처지에 있는
조로증 환자들에게 큰 희망을 주었고,
더 긴 인생을 사는 사람들에게 행복하게 사는 법을
가르쳐 주었습니다.

이유 없이 불평합니다.
바쁘지 않아도 시간이 없다고 말합니다.
할 수 있어도 '나중에 하면 안 돼?'라며 말합니다.
매일 그렇게 살아갑니다.

그리고 긴 시간이 흐른 어느 날 자신을 되돌아보면,

그렇게 많은 시간 동안 무엇을 했는지,

잘 기억나지 않는 경우가 많습니다.

누군가 그렇게 가지고 싶은 하루를 더 가진 나.

행복함을 넘어 눈물겹게 감사한 하루가 되기 바랍니다.

66 오늘의 명언 99

매일 한 가지씩 기뻐할 것을 찾아라.
다음에는 두 가지를 찾아라.
디음에는 세 가지,
다음에는 한 시간에 하나,
다음에는 매 순간에 하나,
그러면 당신은 행복의 비결을 터득하게 될 것이다.

- 오리슨 스웨트 마든 -

062

쓸모없는
실패는 없다

발명가 토머스 에디슨은 84년의 생애 동안
1,093개 이상의 발명품을 남겼습니다.

전구를 완성하기 위해 9,999번이나 실패,
축전기를 완성하기까지 약 20,000번의
실패를 맛봤습니다.
그가 하나의 발명품을 완성하기까지
엄청난 실패를 반복했지만,
오히려 주변 사람들에게
이렇게 말했습니다.

"나는 실패하지 않았습니다.
다만, 틀린 방법을 발견했을 뿐입니다."

심지어 축전기의 내구성을 실험하기 위해
건물 3층에서 축전기 떨어뜨리기를
수없이 반복하기도 했습니다.

또 한 번은 연구소에 큰 화재가 발생해
소중한 실험 기계가 모두 까만 숯으로 변했는데도
차분하게 말했습니다.
"내가 범한 모든 시행착오와 실수가
모두 타버리고 말았지만,
새롭게 시작할 수 있으니
이 또한 얼마나 감사한 일인가!"

인생은 늘 순항만 하지는 않습니다.
때로는 사나운 바람을 만나기도 하고,
때로는 거친 폭풍우를 만납니다.
그 과정에서 뼈를 깎는 고통이 있지만
우리가 끝내 절망하지 않는 건,

결국 그 시련으로 인해 성장하기 때문입니다.

'시련'과 '실패'를 새로운 출발점으로 생각한다면
당신에게 다가온 어려움은 인생을 윤기 있고,
생동감 있게 할 것입니다.

66 오늘의 명언 99

쓸모없는 실패는 없다.

- 토마스 제퍼슨 -

063

그림자를 판 사나이

'그림자를 판 사나이'라는 소설은
시대를 초월한 메시지를 담고 있는데
프랑스 출신의 독일 작가 '아델베르트 폰 샤미소'의
작품입니다.
가난하게 살던 소설 속 주인공 페터 슐레밀은
어떤 부유한 상인의 사교장에 나가게 되는데
그곳에서 회색빛 옷을 걸친 한 남자를 만나게 됩니다.

그는 금화를 쏟아내는 마법 주머니와
슐레밀의 그림자를 바꾸자고 제안합니다.

가난한 삶에 염증을 느끼고 있었던
슐레밀이 얼떨결에 그의 제안을 승낙하자
남자는 마법 주머니를 건네주고
슐레밀의 그림자를 돌돌 말아 자루에 넣고는
사라져 버렸습니다.

마법 주머니를 소유한 슐레밀은
그토록 갈망했던 물질적인 부와 외적인 성공을
누리게 되었습니다.

그러나 행복은 오래가지 않았습니다.
사람들은 그림자가 없다며 놀렸고
심지어 유령이라고 두려워 피했습니다.

그림자를 잃어버린 슐레밀은
낮에도 밖으로 나올 수 없었습니다.
그렇게 고립된 채 살아가다
사랑하는 약혼자마저 떠나게 되었습니다.

슐레밀은 부와 외적인 성공은 얻었지만

진정한 행복을 잃어버린 후에야
그림자의 중요성을 깨닫게 되었습니다.

이 세상에 하찮은 것은 없습니다.
사소한 것 역시 없습니다.
나름대로 다 존재하는 이유가 있습니다.

지금은 알 수 없겠지만
그 작고 하찮은 것들이 위대한 성취와 행복으로
다 연결되어 있습니다.

66 오늘의 명언 99

언제나 햇빛을 향해 서라.
그러면 그림자는 언제나 당신의 뒤에 있을 것이다.

– 월트 휘트먼 –

064

우리
어머니

오래전 시외버스 안에서 있었던 일입니다.

버스 기사가 시동을 걸고 막 출발하려던 순간,

승객 한 사람이 버스를 향해 천천히 걸어오는

할머니를 발견하고는 기사님을 향해

큰 소리로 말했습니다.

"저기 할머니 한 분이 못 타셨는데요?"

버스 기사가 차량 바깥에 거울로 보니

제법 떨어진 거리에서 머리에 짐을 한가득 인 채

걸어오시는 할머니 한 분이 계셨습니다.

할머니는 버스를 향해 최선을 다해 걸어오셨지만,
속도가 나지 않는 듯 보였습니다.

"기사님, 어서 출발합시다."
"언제까지 이렇게 기다릴 겁니까?"
승객은 바쁘다며 버스가 출발하길 재촉했습니다.

그때 버스 기사님이 차분한 목소리로 말했습니다.
"죄송하지만, 저기 우리 어머니가 오십니다.
잠시 기다렸다가 같이 가시지요."

버스 기사님의 어머님이시라 하니
불평을 했던 승객들도 더 이상 그냥 가자는
재촉을 하지 못하는 것 같았습니다.

그런데 갑자기 창가에 앉았던 한 청년이
벌떡 일어나 버스에서 내려
할머니를 향해 달려갔습니다.
승객들의 시선은 자연스레 버스 밖으로 모아졌습니다.

할머니가 이고 있던 짐을 받아 든 청년은
할머니의 손을 부축하여 잰걸음으로
버스로 돌아왔습니다.

할머니와 청년이 버스에 오르는 순간,
승객 중 누군가가 손뼉을 쳤습니다.
그러자 버스는 승객들 모두의
박수 소리로 가득했습니다.

사실 그 할머니는 버스 기사의 어머니도
누구의 어머니도 아니었습니다.

자식이 보낸 용돈을 모아뒀다가
보약을 지어 다시 자식에게 보냈던
당신 어머니에게도 곱던 시절이 있었고,
꿈이 있었을 텐데….
자식들은 날 때부터 어머니 나이였던 줄
착각하며 삽니다.

오늘도 부모님 얼굴에 주름이 하나 더 생겼습니다.

더 늦기 전에, 후회만 남기 전에

부모님께 '고맙습니다. 그리고 사랑합니다'라고

문자를 보내 주세요.

늙어가는 어버이를 공경하여 모시라.
젊었을 때 그대를 위해 힘줄과 뼈가 닳도록 애쓰셨느니라.

– 명심보감 –

065

화낼 만큼
중요한 일인가?

독일 심리학자 월보트의 연구에 따르면
대다수의 사람들은 '자신이 부당한 대우를 받고
공평하지 못하다'라고 생각하는 순간
분노를 느끼는 것으로 나타났습니다.
예전 한 방송사에서 한국인의 감정을
가장 잘 설명하는 단어로 '분노'를 말했는데
어떻게 하면 '분노'를 잘 다스릴 수 있을까요?

화를 다스리는 방법은 다양한 방법들이 있는데
먼저 '화낼 만큼 중요한 일인가?'라고
잠시 심호흡하며 생각해 봐야 합니다.

그래도 화가 풀리지 않는다면

일단 그 자리에서 후퇴하는 것이 바람직합니다.

화는 다스려야 하는 감정인데

화가 더해지면 파괴적으로 변할 수도 있기 때문입니다.

화를 뜻하는 단어 'anger'는

위험이라는 단어 'danger'에서 'd'만 빼면 됩니다.

화를 내는 것은 곧 위험의 신호임을 깨닫고

마음을 다스리는 지혜를 찾아야 합니다.

사람의 감정 중에서 분노는 상당히 격렬한 감정이라서

화를 내는 것 자체만으로도 굉장한 에너지를 사용하게 됩니다.

그 에너지를 나를 발전시키는 데 사용하면 어떨까요?

그럴 수 있다면 여유와 행복이 가득해

처음부터 화낼 일이 없는 사람이 될 수도 있습니다.

❝ 오늘의 명언 ❞

> 화는 당신이 다른 사람에게 주는 독이지만,
> 실제로는 당신에게 가장 큰 해를 입힌다.
>
> - 로버트 그린 -

066

성공이란
무엇인가?

19세기 미국의 사상가이자 시인으로 활동했던
'랠프 월도 에머슨(Ralph Waldo Emerson)'은
삶의 가까이에서 참된 아름다움을 발견하고
내면의 소중한 가치를 찾아야 한다고 가르치면서,
'성공이란 무엇인가?'라는 시에서 이렇게 말했습니다.

많이 그리고 자주 웃는 것.
현명한 사람들에게 존경받고 아이들에게 애정을 받는 것.
정직한 비평가로부터 찬사를 얻고
잘못된 친구들의 배신을 견뎌내는 것.
아름다움의 진가를 알아내는 것.

다른 이들의 가장 좋은 점을 발견하는 것.

건강한 아이를 낳든, 작은 정원을 가꾸든,

사회 환경을 개선하든,

세상을 조금이라도 더 좋은 곳으로 만들고 떠나는 것.

당신이 살아 있었기 때문에 단 한 사람의 인생이라도

조금 더 쉽게 숨 쉴 수 있었음을 아는 것.

이것이 진정한 성공이다.

과거부터 입신양명(立身揚名)이라고 하여

몸을 세우고 이름을 떨치는 것이 출세라고 하였지만,

부와 명예만이 성공의 기준은 아닙니다.

인생에서 진정한 성공자는 작은 일에 책임을 다하여

즐겁게 일하고, 범사에 감사하고,

상대방을 배려하는 마음을 가진 사람입니다.

❝ 오늘의 명언 ❞

성공이란 당신이 가장 즐기는 일을
당신이 감탄하고 존경하는 사람들 속에서
당신이 가장 원하는 방식으로 행하는 것이다.

– 브라이언 트레이시 –

067

얼굴은
마음의 거울이다

미국의 서부 개척 시대에 사람들은

행운을 꿈꾸며 금광을 찾아다녔습니다.

어느 날 광산을 파헤치던 한 부류의 사람들은

천신만고 끝에 금을 발견하게 되었습니다.

하지만 삽과 곡괭이는 닳고, 먹을 것도 떨어져서

다시 마을로 돌아가게 되었습니다.

금광을 발견했던 사람들은 기쁨도 잠시,

금광의 존재를 들킬 것을 우려해

그 사실을 누구에게도 발설하지 않기로 약속했습니다.

그런데 그들이 다시 광산으로 돌아갈 때,
수백 명의 사람들이 곡괭이를 들고 따라오면서
큰 소리로 말했습니다.
“당신들은 금을 발견했나 보군요!
저희도 그곳으로 데려가 주면 안 되겠소?”

금광을 발견한 사람 중에 그 누구도
금광에 관해서 이야기한 사람이 없었기에
놀라서 말했습니다.
“아니, 금이라니요?
무엇을 보고 하시는 말씀인지요?”

그러자 마을 사람들이 대답했습니다.
“광산에서 돌아온 당신들의 얼굴에
희망과 설렘이 가득하니
그것이 금광을 찾은 것이 아니라면
무엇이란 말이겠소.”

얼굴은 사람의 마음을 비추는 거울이어서
쉽게 감출 수 없습니다.

행복과 기쁨, 희망과 용기와 같이
긍정적인 생각을 가질 때 마음의 정원에는
꽃이 피어납니다.

마음을 아름답게 가꾼다면
우리의 인생도 황금빛으로 빛날 수 있을 것입니다.

사람의 얼굴은 하나의 풍경이요, 한 권의 책이다.
얼굴은 결코 거짓말을 하지 않는다.

- 오노레 드 발자크 -

068

파랑새가 전하는 행복

1911년 노벨 문학상 수상자인 벨기에의 극작가
'모리스 마테를링크'가 1908년에 창작한 6막 12장 희곡
'파랑새'는 어린이들을 위한 교훈적인 동화로 알려져 있습니다.
파랑새의 이야기는 가난한 나무꾼의
어린 남매인 틸틸과 미틸이가
크리스마스 전날 꾼 꿈이 주요 내용으로 이루어져 있습니다.

남매의 꿈속에 등장한 요정 할머니는 아이들에게,
자신의 아픈 딸을 구하기 위해
파랑새를 찾아달라고 부탁합니다.
남매는 할머니의 딸을 살릴

파랑새를 찾기 위해 꿈의 세계로 떠납니다.

남매는 '추억의 나라'에서 죽은 혼령을 만나고,
'밤의 궁전'에서 재앙의 실상을 보고,
'숲'에서 자연의 두려움을 알게 됩니다.
그러나 파랑새는 찾을 수 없었고
그렇게 여행을 계속했습니다.

다음 행선지인 '행복의 궁전'에서
물질적인 행복의 허무함을 보았고
참다운 행복은 건강, 정의, 특히 어머니의 사랑이며,
파랑새는 마음속에 살고 있음을 깨닫게 됩니다.
끝으로 '미래의 나라'에서 앞으로 태어날
아이들을 만나고 꿈에서 깨어납니다.

남매는 집 처마 밑 새장에서 기르고 있던 새가
꿈에서 찾았던 파랑새였다는 것을 깨닫습니다.

행복은 대단히 큰일을 해야 얻어지는 게 아닙니다.
거창하지도 않으며 멀리 있는 것도 아닙니다.

하지만 행복해지고 싶어 돈을 모읍니다.

행복해지고 싶어 사람을 만납니다.

그리고 다른 사람보다 더 행복해지려고 합니다.

그래서 내가 가진 행복을 타인의 행복과

비교하며 살아갑니다.

우리는 행복의 파랑새를 잡으려고

내일과 먼 미래에 초점을 맞추고 살아가지만,

행복의 파랑새는 내일에 있지 않고

바로 오늘 내 마음속에, 가까운 곳에 있습니다.

행복해지고 싶으세요?

우리에게 행복은 마음먹은 만큼 따라옵니다.

두 팔 가득 벌려 나에게 안기는 행복

밀어내지 않으면 됩니다.

66 오늘의 명언 99

행복이란 하늘이 푸르다는 사실을
발견하는 것만큼 쉬운 일이다.

- 요슈타인 가아더 -

069

근심 걱정을
내려놓자

한 제자가 평소 존경하던 선생님을 찾아가
자신의 앞날에 대한 여러 가지 고민을
상담하고 있었습니다.
"선생님, 앞으로 어떻게 살아야 할지 걱정입니다.
최근 새로 사업을 시작했는데 옳은 결정일까요?
이것 말고 다른 결정을 해야 했을까요?"

제자의 고민은 거기서 끝나지 않고 계속 되었습니다.
"오래전부터 만나던 여성과 결혼을 하고 싶습니다.
하지만 이제 막 사업을 시작한 시점에서
결혼생활을 잘 유지할 수 있을지 걱정입니다.

더구나 결혼하면 아이도 낳아 길러야 할 텐데
요즘같이 험한 세상에 어떻게 하면
올바르게 아이를 양육할 수 있을지도 잘 모르겠습니다.”

제자는 자신의 고민을 끝도 없이 이야기했습니다.
하지만 선생님은 제자의 고민 중에
아무것에도 대답하지 않고,
제자의 찻잔에 차만 따라주고 있었습니다.

한참을 말하던 제자가 뭔가 대답을 원하며
선생님을 쳐다보았지만, 선생님은 여전히
찻잔에 차만 따르고 있었습니다.

그런데 찻잔에 차가 가득 담겼는데도
차를 계속 따르는 것을 멈추지 않았습니다.
잔에서 차가 흘러넘쳐 바닥을 적실 지경이 되자
제자가 다급하게 말했습니다.
“선생님, 찻잔에 차가 흘러넘칩니다.”

그러자 선생님이 제자 얼굴을 보며 차분하게 말했습니다.

"이 찻잔이 바로 자네의 마음과 같아 보이네.
그리고 흘러넘치는 차가 자네의 고민이네.
지금 자네의 마음에 많은 것이 꽉 차 있으니
내가 어떤 조언을 해도 들어갈 여유가 없어 보이네.
그 마음의 잔을 비우고 그때 다시 나를 찾아오게나!"

좁은 길을 여러 대의 차가 한꺼번에
지나가려고 한다면 심한 교통체증이 벌어지고
도로는 주차장이 되어버립니다.
마음속에 온통 근심 걱정만 가득하다면,
그것을 해결할 지혜를 담을 곳이 없어집니다.
근심 걱정을 내려놓아야
당신의 인생이 앞으로 나아갈 수 있습니다.

66 오늘의 명언 99

산을 움직이려 하는 이는
작은 돌을 들어내는 일로 시작하느니라.

- 공자 -

 따뜻한 하루를 시작합니다

070

긍정적인
생각의 힘

미국 위스콘신 대학에서

우수한 문학 지망생들이 각자의 발전을 위해서

모임을 만들었습니다.

그중에서 한 모임은 정기적으로 모여

각자가 쓴 글에 대해서 서로 비평만 했습니다.

그런데 항상 비평과 문제점만 말하다 보니,

모임은 언제나 얼굴을 붉히는 가운데서

진행이 되었습니다.

그리고 전혀 다른 방향을 가진 모임도 있었는데

그 모임에서는 상대에게 혹평을 말하기보다는
최대한 좋은 부분을 찾아서 격려해 주고 칭찬했습니다.

그렇게 10년의 시간이 지났습니다.
좋은 말로 서로 격려해 주던 모임의 학생들은
훌륭한 작가로 성공한 사람이 많았지만,
비평만 했던 모임의 학생 중에서는
뛰어난 작가가 나오지 못했습니다.

95%의 좋은 점과 5%의 좋지 않은 점을 가진
비슷한 사람이 있습니다.

95%의 좋은 점을 보고 사는 사람이 있습니다.
그 사람은 매사에 긍정적이며, 자신감 있게 살아갑니다.
그러나 5%의 좋지 않은 점을 보고 사는 사람은
늘 부정적이며, 불만으로 가득하게 살아갑니다.

세상에 완전한 사람은 없습니다.
나의 5%의 부족한 점은
95%의 좋은 점으로 채우면 되고,

상대방의 부족한 5%도 내가 채워줄 수 있는데
그건 바로 칭찬의 힘입니다.

부정적인 생각을 긍정적인 생각으로 바꾼다면
긍정적인 결과가 나오기 시작할 것이다.

- 윌리 넬슨 -

071

인생은 속력이 아니라
방향이다

열심히 일한 사람들은 앞만 보고 달려왔다고 말합니다.

휴일도 평일이라 착각하기도 하고

요즘 유행하는 영화나 드라마가 무엇인지

잘 모를 만큼 바쁘게 지내왔다고 이야기합니다.

하지만 빠른 것보다 더 중요한 것은

올바른 방향으로 달리는 것입니다.

축구할 때 공을 세게 찬다고

축구 골대에 매번 들어가는 것은 아닙니다.

슛의 세기도 중요하지만, 골대를 향한 방향이

맞아떨어져야 골이 들어갑니다.

농구도, 골프도 마찬가지고
탁구나 배드민턴, 테니스도 방향을 맞춰 쳐야 합니다.

우리의 인생도 그렇습니다.
먼저 나아갈 방향과 목표를 정한 뒤
그다음에 달려 나아가야 합니다.

무조건 성공에만 매달리는 것이 아니라
내가 무슨 일을 해야 하며, 왜 해야 하는지
방향을 정해 나아가야 합니다.

빨리 간다면 멈추기 어렵고 방향을 바꾸기도 쉽지 않습니다.
너무 서두르지 말고 잠시 쉼을 통해서
인생의 방향을 점검해 보세요.
중요한 것은 나의 목적지가 어디인지 늘 잊지 않는 마음입니다.

❝ 오늘의 명언 ❞

어느 곳을 향해서 배를 저어야 할지를 모르는 사람에게는
어떤 바람도 순풍이 아니다.

- 몽테뉴 -

072

감사에
집중하기

오래전 한 남자가 있었습니다.
그는 남들과 다투거나 화가 나는 일이 생기면
자기 집 정원을 하염없이 돌았습니다.
이 특이한 행동을 몇 번이고 반복하니
남자가 집 정원을 돌고 있는 것을 보는 것만으로도
저 남자에게 안 좋은 일이 생겼구나 하고
짐작할 수 있을 정도였습니다.

마을 사람들이 남자에게 화가 나면
왜 자신의 집 정원을 도는 건지 여러 번 물어보았지만
남자는 그 질문에 대답하지 않았습니다.

세월이 흘러 남자는 부자가 되고 노인이 되었지만,
예전처럼 남자는 화가 나는 일이 생기면
똑같이 정원을 돌았습니다.

이제는 남자의 집도 정원도 넓어졌고
몸이 불편한 노인이 되었기에 한 바퀴 도는 일도
보통 일이 아니었지만, 화가 나는 일이 있을 때면
여전히 집 주위를 돌았습니다.

그리고 어느 날 남자의 손주가
궁금해서 물었습니다.
"할아버지는 아주 오래전부터
화나는 일이 생기면 집 정원을 돌았다고 하는데
왜 그러시는 거예요?"

그러자 아무에게도 대답하지 않던 남자가
손자에게는 말을 해주었습니다.
"젊었을 때 남들과 다투거나 화가 나면
내 집 정원을 돌면서 '내 집이 이렇게 작은데
남한테 화내고 싸울 시간이 어디 있나?'라고 생각하면

화가 가라앉고 다시 일하는 데 힘을 쓸 수 있었지.
그리고 지금은 '내 집이 이렇게 넓어 마음에 여유가 있는데,
왜 남들하고 싸우며 살아야 해?
모든 것에 감사하자'라고 생각하면
바로 마음이 여유로워지고 홀가분해지기 때문에
계속 집 주변을 돌고 있지."

화나는 일은 생각할수록 나를 파괴합니다.
그럴 때일수록 생각의 방향을 바꿔
감사한 일을 헤아려 보시기 바랍니다.
감사에 집중하면
감사할 일이 더 많이 생깁니다.

073

웃음으로
극복하기

심리학의 아버지 윌리엄 제임스는 이렇게 말했습니다.
"우리는 행복하기 때문에 웃는 것이 아니고,
웃기 때문에 행복하다."

환경이 우릴 행복하게 만드는 것이 아닌
스스로 행복을 만들어 간다는 것인데
'웃음의 치유력' 책의 저자 노만 커즌스의
의견과도 일맥상통합니다.

잡지의 기자이자 편집장으로 일하던 그는 1964년 당시
의학으로는 치료 불가능한 희귀병으로

몸을 움직일 수 없게 되었는데 이후 일상생활은 물론
얼마 살지 못할 거라는 진단을 받았습니다.

그는 '웃음은 유효기간 없는 최고의 약'이라는 철학으로
그날부터 각종 코미디 영화와
유머집을 보기 시작했다고 합니다.

영화를 보면서 10분 동안 실컷 웃고 나면
2시간은 아픔을 느끼지 않고 잠들 수 있었고
웃음의 진통 효과가 없어질 때쯤 되면
다시 영사기를 돌렸습니다.
그렇게 그는 코미디 영화를 보면서 배를 잡고 웃었고
재밌는 책을 읽으며 웃기를 반복했습니다.

그 결과 8주가 지나자 손가락 하나를 움직일 수 있게 되었고
몇 개월이 지나자, 목을 움직일 수 있었습니다.

그리고 마침내 불치병을 완전히 극복했습니다.
그는 그렇게 웃음을 통해서 엔도르핀이 나와
자신의 병이 치료됐다는 결과를 바탕으로

웃음 치료학을 체계화하였고, 의학계의 인정을 받아
U.C.L.A 의과대학의 수업 과목으로도 채택되었습니다.

웃음은 모든 사람이 가지고 있는 능력이지만
고통 속에서 웃음을 지켜낸다는 것,
슬픔 속에서 웃음을 되찾는다는 것,
힘든 삶에서 웃음을 피어내는 것,
쉽지 않은 상황에서도 웃음을 먼저 찾기란
사실 어려운 일입니다.
하지만 힘든 시기라도 웃음을 잃지 않는다면
반드시 우리는 아무 일 없던 평범한 오늘을
행복과 감사로 되찾을 수 있을 것입니다.

66 오늘의 명언 99

우리 몸에는 완벽한 약국이 있다.
우리는 어떤 병도 고칠 수 있는 강력한 약을 가지고 있다.
그것은 웃음이다.

- 노만 커즌스 -

074

병어조림

매년 이때쯤이면 병어를 즐겨 먹고 하는데

오래전에 아내가 저녁 식사 때 먹는다면서

병어 세 마리를 사 들고 왔던 일이 생각납니다.

절약 정신이 몸에 밴 아내는

병어조림을 무척이나 좋아하는 저를 위해서

시장에서 물 좋은 병어를 싼 가격에

사 왔다면서 의기양양했습니다.

아내는 그날 저녁 밥상에 오른 병어를

저와 아이들에게 모두 주고서는,

자신의 접시엔 조려진 무만 잔뜩 담았습니다.

저는 그런 아내에게 내 몫의 병어 한 덩어리를 떼어
아내의 접시에 슬그머니 올리려고 하니,
눈치를 챈 아내가 제 손길을
매섭게 뿌리쳤습니다.
이런 일로 실랑이를 해 봤자
매번 그랬듯 당해내지 못한다는 걸 아는 저는
다시 제 접시에 놓고 말았습니다.

평생 자신을 희생하며 가정을 꾸려왔고
장래 대비에 그저 모으기만 열심히 했던 아내는
늘 어렵게 생활하면서도 저를 항상 격려해 주었습니다.

어느덧 세월이 흘러 회사에서 은퇴도 하였고
저의 삶을 뒤돌아보면서 살고 있습니다.
지금의 아내를 생각하면 가슴 벅차도록
고맙고 소중하기만 합니다.

앞으로 남은 인생은 그런 아내에게
행복을 만들어 주는 남편으로 살고 싶습니다.

대부분의 남편들은 표현은 서툴러도
마음은 늘 아내 곁에 있고
미안하고 안쓰러워 하고 있습니다.

언제나 함께 있어서 가장 가까이에 있어서
가끔은 그 소중함을 모를 때도 있지만,
오늘만큼은 말해주세요.
"여보… 늘 감사해요.
그리고 사랑합니다."

행복은 입맞춤과 같다.
행복을 얻기 위해서는 누군가에게 행복을 주어야만 한다.

- 디어도어 루빈 -

075

언어의
이기주의

강아지와 고양이는 의사 표현 방식이 다릅니다.

강아지는 반가울 때 꼬리를 세워 흔들지만

고양이에게 그것은 위협과 공격의 의미입니다.

따라서 강아지와 고양이는 서로를 이해하기 어렵습니다.

이러한 강아지와 고양이의 대화 방식처럼

우리들도 불통의 자세로 대화하는 것은 아닌지

생각해 봐야 합니다.

이념이나 세대, 또는 계층이 다르더라도

서로를 존중하며 받아들일 수 있어야 합니다.

만약 서로가 자기주장만 하고 불통한다면
갈등과 오해는 해결되지 않고 불어날 것입니다.
상대의 이야기를 듣지 않고 오로지 내 주장만 하는
이러한 언어의 이기주의를 피해야 합니다.

단순히 나의 이야기만 하는 것이 아니라
두 귀를 열고 상대를 받아들일 준비를 해야만
비로소 대화를 성공으로 이끌고
참 행복을 불러오는 진정한 소통을 할 수 있을 것입니다.

소통이란 서로 뜻이 통하여
오해가 없는 것을 의미합니다.
소통은 성공적인 대화를 이끕니다.
진정한 소통을 위해서는
'경청'의 자세가 필요합니다.
상대를 열린 마음으로 받아들인다면
진정 서로를 이해할 수 있을 것입니다.

다른 사람의 이야기를 진지하게 들어주는 경청의 태도는
우리가 다른 사람에게 보일 수 있는
최고의 찬사 가운데 하나이다.

- 데일 카네기 -

4부

계속되는 눈보라는 없다,
이또한 지나간다

076

내 상처의
크기

사람은 스스로를 얼마나 크게 인식하느냐에 따라

같은 일을 전혀 다르게 받아들이기도 합니다.

자신을 개미라고 여기는 사람에게는

아주 작은 상처도 삶 전체를 흔들 만큼 크게 느껴집니다.

상처의 크기 때문이 아니라

그 상처를 감당한다고 느끼는 자신이

작게 인식되기 때문입니다.

반대로 자신을 코끼리처럼 느끼는 사람에게는

같은 크기의 상처지만 모기에게 물린 정도로

대수롭지 않게 지나가기도 합니다.

상처가 달라서가 아니라

그 상처를 받아들이는 존재의 크기가

다르기 때문입니다.

이 차이는 고난의 성격에서 비롯되기보다,

그 고난을 담아내는 크기에서 생겨납니다.

작은 물컵에 담긴 물에는

소량의 소금만 넣어도 강한 짠맛을 냅니다.

그러나 같은 양의 소금을 큰 통에 담긴 물에 넣으면

그 짠맛은 약해집니다.

소금의 양이 달라서가 아니라

그 소금을 담고 있는 그릇의 크기가 다르기 때문입니다.

고난이 크기 때문에 사람이 무너지는 것은 아닙니다.

같은 고난이라도 그것을 받아들이는 크기에 따라

전혀 다르게 느껴집니다.

고난을 이긴다는 것은

고난을 줄이거나 피하는 일이 아니라

그 고난이 감당 가능해질 만큼

자신이 자라나는 과정일지도 모릅니다.

당신의 상처를 지혜로 바꾸어라.

- 오프라 윈프리 -

077

왜 나만
이렇게 힘들까?

서양 풍습에서, 결혼 30주년을 기념하는

'진주혼식'이라는 의식이 있습니다.

부부가 서로 진주로 된 선물을 주고받기도 합니다.

진주는 얼어붙은 눈물(Frozen Tears)이라 불리는데

그 이유는 진주의 탄생 과정을 보면 알 수 있습니다.

진주는 모래알이 조갯살에 박히면서부터 시작되는데

이때 조개는 자신의 피라고 할 수 있는

진주층(nacre)이라는 특수한 물질을 분비해

모래로 인한 상처를 감싸고, 치료합니다.

그렇게 수없이 모래알을 계속 감싸면

하나의 아름다운 진주가 탄생하는 것입니다.

하지만 이때 나오는 진주의 체액은
아주 조금씩, 천천히 생성되기 때문에
조개에겐 엄청난 고통이 따른다고 합니다.

그 때문에 진주가 모래알의 상처를 무시하면
당장의 고통은 없지만, 결국엔 상처 부위는
곪고 병들어 조개는 죽고 맙니다.

이렇게 모진 고통을 통해 만들어진 귀한 진주는
'부부가 진주처럼 사랑이 익어 빛난다'라는
뜻의 상징이 됐습니다.

세상에 시련 없는 인생은 없습니다.
누구나 이런저런 모래알을 품고 삽니다.
단지 시련을 대하는 자세가 각자 다를 뿐입니다.
'왜 나한테만 이런 일이 생길까?'
'왜 나만 이렇게 힘들까?'

시련이라는 모래알의 크기는 다르지만

고통의 분량만큼 커지는 진주처럼

지금의 환난과 고통이

자신만의 아름다운 보석을 만드는 중이라고

생각해 보세요.

시련을 겪는다는 것은 바닷가에 있는 자갈이 되는 것과 같다.
여기저기 다치고 멍들지만,
전보다 윤이 나고 값지게 되기 때문이다.

- 엘리자베스 퀴블러 로스 -

078

극복할 수 있다는
마음이 중요하다

노래를 잘 부르는 한 여성이 있었습니다.

하지만 그녀는 항상 밤무대에서만 노래를 불러야 했습니다.

그녀의 외모는 다른 가수들에 비해 아름답지 못했으며,

뻐드렁니가 심했기 때문입니다.

어느 날 그녀의 노래를 들은 한 작곡가가 이렇게 말했습니다.

"난 당신이 노래하는 것을 유의해 보고 있었습니다.

그런데 당신은 무엇인가 감추려는 것이 있어요.

아마 뻐드렁니를 창피하게 생각하는 모양인데….

대체 뻐드렁니가 어떻단 말이에요.

이제 더 이상 감추려고 하지 말아요.

당신이 부끄러워하지 않는 것을 보게 된다면
청중들은 당신이 부르는 노래를 더 좋아할 겁니다."

작곡가의 말에 용기를 얻은 그녀는
자기의 약점을 잊고 더 열심히 노래를 불렀습니다.

인간은 누구나 신체적인 장애,
정신적인 장애를 가질 수 있습니다.
하지만 극복할 수 있다는 마음이 있다면
좋은 결과를 가져다줄 것입니다.
두려움은 사람을 작아지게 하고
큰일을 할 수 없게 만듭니다.
오늘 우리의 생각에 용기를 조금만 보탠다면
분명 큰일을 이뤄낼 수 있을 것입니다.

66 오늘의 명언 99

> 좋은 일을 생각하면 좋은 일이 생긴다.
> 나쁜 일을 생각하면 나쁜 일이 생긴다.
> 여러분이 온종일을 생각하고 있는 것 바로 그것이다.
>
> - 조셉 머피 -

079

두려운
방향

어린 시절, 자전거 타기에 여러 번 실패했습니다.

넘어지는 게 두려워 균형 잡는 법을

배우지 못했기 때문입니다.

오랜 시간이 지나

대학생이 되어 다시 자전거를 배우던 중,

선생님께서는 넘어지는 쪽으로

핸들을 돌려야 한다고 말씀하셨습니다.

처음에는 쉽게 이해되지 않았습니다.

일부러 넘어질 쪽으로 핸들을 돌리라는 말이

낯설고 두려워 고집스럽게 내 방식대로 시도했지만,

계속 넘어지고 말았습니다.

결국 선생님의 조언을 따라보기로 했습니다.

넘어지는 쪽으로 핸들을 돌리자

놀랍게도 균형을 되찾고 자전거를 탈 수 있었습니다.

익숙해질 때까지 두려움은 여전했지만,

때로는 두려운 쪽으로 몸을 내밀어야만

비로소 앞으로 나아갈 수 있다는 것을 알게 되었습니다.

두려움과 어려움 앞에서

우리는 종종 뒤로 물러서고 싶은 마음이 듭니다.

하지만 진정한 탈출구는 바로 그 길을

지나가는 데에 있습니다.

넘어질 것 같은 순간에도, 넘어지는 쪽으로 몸을 내밀 때

우리는 균형을 잡고 한 걸음씩 앞으로 나아갈 수 있습니다.

66 오늘의 명언 99

유일한 탈출구는, 그 길을 통과하는 것이다.

– 로버트 프로스트 –

080

오늘 내가
살아갈 이유

그녀는 일찍 해외로 나와 더 넓은 세상을 보았고
노르웨이 오슬로 대학에서 학위를 마쳤습니다.
그리고 서른 살이라는 이른 나이에,
명문대 중 하나인 중국 푸단대학교에서
최연소 교수로 강단에 섰습니다.

그녀는 환경과 경제학을 접목한 새로운 시도를 하며
'에너지 숲 프로젝트'로 주목을 받았던 '위지안'입니다.

하지만 누구보다 빠르고 치열하게
자신의 길을 걸어가던 그녀는

2009년 10월, 뜻밖에 말기 암 선고를 받습니다.
돌이 막 지난 아기 엄마였고,
누구나 부러워했던 명문대 교수가 되었는데,
그렇게 짧게 일생을 마쳐야 한다는 비정한 선고였습니다.

암세포는 척추뼈를 비롯한 여러 부위로 퍼졌고,
작은 움직임에도 견디기 어려운 고통이 뒤따랐습니다.
그럼에도 그녀는 그 고통 속에서 하루하루를
블로그에 기록하기 시작했습니다.

"사람이 잘 살아간다는 것은
누군가의 마음에 씨앗을 심는 일인 것 같다.
어떤 씨앗은 내가 심었다는 사실을 까맣게 잊어버린 뒤에도
쑥쑥 자라나 커다란 나무가 되기도 한다.
살다가 혼자 비를 맞는 쓸쓸한 시절을 맞이할 때
위에서 어떤 풍성한 나무가 가지와 잎들로
비를 막아주면 그제야 알게 된다.
그때 내가 심었던 사소한 씨앗이 이렇게 넉넉한
나무가 되어 나를 감싸주는구나."

"운명이 나에게서 모든 것을 앗아간다 해도,

결코 빼앗지 못할 단 한 가지가 있다.

그건 바로 '선택의 권리'이다.

나는 생의 마지막 순간까지 내 삶을 선택할 수 있는

최후의 권리를 행사할 것이다.

절대 포기하지 말 것.

우리에겐 오늘을 살아야만 하는

분명한 이유가 있으니까."

그녀가 블로그에 남긴 글들은

이후 '오늘 내가 살아갈 이유'라는 제목으로 출간되었고,

오늘을 살아가는 많은 이들에게

삶을 대하는 태도에 대한 조용한 울림을 전하고 있습니다.

삶은 때로

내게서 가장 소중한 것들을 조용히 빼앗아 갑니다.

건강도, 꿈도, 때론 희망마저도

내 의지와 상관없이 멀어져 갈 때가 있습니다.

하지만 그 속에서도

나는 여전히 내 삶을 선택할 수 있다는 사실을 기억합니다.

그 선택들은 마치 어둠 속에서 꺼지지 않는 작은 등불처럼
내 마음을 밝혀주고, 흔들리는 나를 지켜줍니다.

때로는 무너질 것만 같은 날에도
포기하지 않고 오늘을 살아낸다는 것,
그 자체가 이미 기적과도 같은 용기임을
잊지 않으셨으면 좋겠습니다.

66 **오늘의 명언** 99

사랑은 나중에 하는 게 아니라 지금 하는 것이다.
살아 있는 지금, 이 순간에.

– 위지안 –

081

좌절의 시간은
잊어라

에디슨은 어린 시절 주의가 산만하여
담임선생님에게 '혼란스러운 녀석'이라고 불렸고
초등학교에서 3개월 만에 퇴학당하였습니다.

에디슨은 당시를 회상하며
'어머니가 자신을 만들었고,
자신에 대한 신뢰가 있었기에
어머니를 실망하게 하지 않는 인생을 살아야겠다'
라고 다짐하였습니다.

다른 흑인 아이들처럼 마틴 루터 킹도

어린 시절, 인종차별 때문에 마음에 심한

상처를 입었습니다.

매일 벌어지는 크고 작은 차별을 겪으면서

흑인이 백인보다 못한 사람이라고 생각하게 되었습니다.

그러나 마틴 루터 킹의 부모는 아들에게

그가 결코 백인보다 부족하지 않으며,

백인보다 못하다는 생각을 가져서는 안 된다고 가르쳤습니다.

다만 그가 겪는 차별은 백인들의

좁은 생각과 무지에서 생겨난 것이라고 설명해 주었습니다.

아인슈타인은 학창 시절 때

수학과 물리에서는 잘하는 면모를 나타냈지만

라틴어, 지리, 역사 과목 등에서는 낙제를 받았으며

대학 입학에 떨어지기까지 했습니다.

우리가 생각하는 천재의 어린 시절이 아니었지요.

다만 몇 과목만 잘하는 학생이었습니다.

그런 아인슈타인은 말합니다.

"지식보다 상상력이 더 위대하다"고 말이죠.

그의 상상력은 남들보다 뛰어났고

그것을 끊임없이 연구했으며,

연구에 실패할 때마다 다른 무언가를 얻었습니다.

퀴리 부인으로 알고 있는 마리 퀴리는

어린 시절 전염병이 돌 때,

어머니와 언니를 잃는 아픔을 겪고

슬픔에서 헤어나지 못합니다.

가정 형편이 어려워지자 16세 나이에 가정교사를 하면서도

학업에 열중하여 항상 일등을 놓치지 않았습니다.

그리고 과학의 방향을 바꾸는 위대한 과학자가 됩니다.

첫 번째 실패했을 때,

세상을 다 잃은 것 같은 깊은 좌절에 빠집니다.

두 번째 실패했을 때,

헤어 나오기 힘들 정도의 슬픔을 느끼지만,

처음보단 낫습니다.

세 번째 실패했을 때,

견디긴 어렵지만, 조금만 더 해보면이란

희망도 조금 생깁니다.

그렇게 네 번, 다섯 번…

그러다 보면 성공 앞에 성큼 다가와 있는

자신을 발견할 것입니다.

좌절의 시간은 잊어라.
그러나 그것이 준 교훈은 절대 잊지 말라.

- 하버트 S. 개서 -

082

내일의
의미

아이들이 말을 배울 때,

가장 이해하기 힘든 말은 무엇일까요?

바로 '내일'입니다.

아이들은 하루에도 수없이

"내일 해줄게"라는 약속의 말을 듣습니다.

그리고 그 말을 고스란히 믿고, 설레는 마음으로

내일을 기다립니다.

하지만 아직 시간의 흐름에 대해

이해하지 못하는 아이들에게

'내일'은 수수께끼 같은 의미입니다.

아이들은 수수께끼를 풀기 위해
계속 질문을 합니다.
"내일이 언제야?"
"지금이 내일이야?"

하지만 잠을 자고 눈을 뜨면
찾아오는 날을 '오늘'이라고 부르니,
아이들의 생각 속에는 '내일'이
자꾸만 뒷걸음질하는 것처럼 보이는 것입니다.

우리는 자주 '내일'을 이야기합니다.
내일 만나자며 다음을 약속하고
내일이면 괜찮아질 거라고 위로하곤 합니다.
하지만 '내일'은 늘 가까이 있는 듯하지만
한 걸음씩 멀어져 갑니다.

가깝지만 먼 시간.
금방이라도 손에 잡힐 듯 다가오다가
빠르고 조용히 물러나는 시간.
그게 바로 '내일'입니다.

그래서 '내일'보다 중요한 건

누군가에게 마음을 다하는

'오늘'입니다.

내일에 대해서는 아무것도 모른다.
우리가 할 일은 오늘이 좋은 날이며
오늘이 행복한 날이 되게 하는 것이다.

- 시드니 스미스 -

083

역경을
기회로 바꾸다

1951년, 미국 디트로이트의 자동차 세일즈맨
로버트 윌킨스는 한국전쟁에 참전했습니다.
하지만 전선에서 포로가 되어 수용소에서의
긴 생활을 시작하게 되었습니다.
수용소에서의 시간은 윌킨스에게뿐만 아니라
누구에게나 잃어버린 시간처럼
너무 길게 느껴졌습니다.

대부분의 포로는 힘겨운 현실을 견디기 위해
음식이나 고향 이야기에 의존하며
하루하루를 버텼습니다.

그런데 윌킨스는 그곳에서 뜻밖의
기회를 발견했습니다.
포로들과 다양한 이야기를 하다 보면
전쟁이 끝난 뒤 집으로 돌아갔을 때를 말하는데,
그중에서는 석방 이후 새로 살 차에 대한
이야기를 나누는 이들이 많았습니다.

자동차 세일즈맨이었던 윌킨스의 귀에
그 이야기는 그냥 흘러가지 않았습니다.
그는 자신의 주머니에서 낡은 수첩을 꺼내 들고,
포로들의 이름과 고향 주소를 하나하나
적어 나가기 시작했습니다.

전쟁이 끝나고, 윌킨스는 고향으로 돌아와
다시 자동차 판매를 시작했습니다.
그는 수첩에 적힌 전우들 3,272명을
하나하나 찾아갔습니다.
그리고는 특별 할인 혜택과 함께
자동차 구매를 제안했습니다.
그렇게 그는 단숨에 500대의 자동차를 판매하며

 따뜻한 하루를 시작합니다

놀라운 실적을 올렸습니다.

로버트 윌킨스는 단순히
운이 좋은 사람이 아니었습니다.
그는 역경 속에서도 미래를 향한 희망을 놓지 않았고,
작은 기회도 놓치지 않았습니다.
그의 노력과 준비가 없었다면 이 모든 성취는
불가능했을 것입니다.

인생이라는 여정 속에서 역경은 누구에게나 찾아옵니다.
하지만 그 속에서도 기회를 찾고,
준비를 멈추지 않는다면,
오늘의 어려움은 내일의 가능성이 될 수 있습니다.
때로는 우리가 가진 작은 수첩 한 권과
그 안의 기록이, 위대한 새 역사의 씨앗이 될지도 모릅니다.

어떠한 역경 속에서도 최고의 기회, 지혜가 숨겨져 있다.
실패란 없다. 다만 미래로 이어지는 과정일 뿐이다.

– 앤서리 라빈스 –

084

어디든
길은 있다

연식이 오래된 자동차나 경차를 타고 가다가

갑자기 높고, 굽은 길을 만나면

덜컥, 겁이 날 때가 있습니다.

그런데 언덕에 가까이 다다르면

막상 경사가 심하지 않아서 차가 언덕을

쉽게 올라가는 경우가 있습니다.

등산할 때도 마찬가지입니다.

멀리서 산을 바라보면 너무 높아 보여서

과연 정상까지 올라갈 수 있을지

걱정이 앞설 때가 있습니다.

하지만 걱정과 달리 산을 오르다 보면

점점 숨어있던 등산로가 나타나고,

그 길을 따라서 걷다 보면 어느새 정상에 다다르게 됩니다.

우리 인생도 이와 다르지 않은 것 같습니다.

멀리서 보면 굽은 길이요 도무지 길이 없어 보이지만,

막상 그 자리에 가면 곧은 길도 있고

없던 길도 드러나기 마련입니다.

한 치 앞도 보이지 않는 암흑처럼 깜깜해 보이는 길도

가까이에 가면 앞이 보이고 빛이 보입니다.

미리 염려하거나 걱정하면서 포기하지 말고

인생이라는 경주를 멈추지 말아야 합니다.

포기하지 않으면 길은 열리게 되어 있습니다.

❝ 오늘의 명언 ❞

실패한 사람은
성공을 목전에 두고도 모른 채 포기한 이들이다.

– 토마스 A. 에디슨 –

085

작은 시도가
반복될수록 성공한다

18세기 미국의 정치가, 사상가, 발명가이며
미국 독립선언서 작성에 참여해 건국의 아버지라 불리는
'벤저민 프랭클린'에게 지인이 이렇게 질문했습니다.
"당신은 수많은 실패와 위기에도 불구하고
어떻게 포기하지 않고 끝까지 전념할 수 있었습니까?"

"석공을 자세히 관찰한 적이 있으십니까?
석공은 큰 돌을 깨기 위해 똑같은 자리를
백 번 정도 두드릴 것입니다.
돌이 갈라질 징조가 보이지 않더라도 말입니다."

프랭클린은 자신감이 넘치는 목소리로

지인에게 이어서 말했습니다.

"하지만 백한 번째 망치로 내리치면

돌은 갑자기 두 조각으로 갈라지고 맙니다.

이처럼 큰 돌을 두 조각으로 낼 수 있었던 것은

한 번의 두들김 때문이 아니라

바로 그 마지막 한 번이 있기 전까지 내리쳤던

백 번의 망치질이 있었기 때문입니다."

성공하기까지 필요한 경험의 양 즉, 정격 용량이 있습니다.

그런데 성공이 아닌 경험이 반복되면

이것이 실패의 연속처럼 느껴지곤 합니다.

하지만 경험이 반복될수록 성공은 매일

여러분에게 가까워지고 있습니다.

그러니 오늘의 백한 번째 망치질을 망설이지 마세요.

성공은 하루하루 반복해서 쏟는 작은 노력들의 총합이다.

- 호버트 클리어 -

086

성공과
실패의 차이

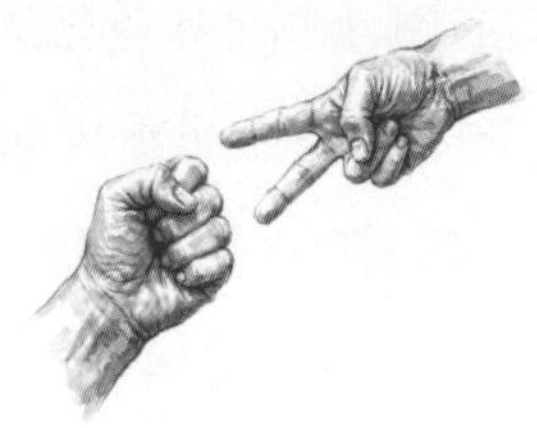

한 SNS에 올라온 영상에서 '성공과 실패'에 대한
엄마와 아들의 대화가 많은 사람들에게
위로와 감동을 전하고 있습니다.
엄마가 초등학생인 아들에게 먼저 물었습니다.

"성공하는 사람과 실패하는 사람이 있는데
누군가는 계속 성공하고 누군가는 계속 실패하는데
그 두 사람의 차이는 뭘까?"

"계속 실패한 사람은 언젠가는 성공하고,
계속 성공한 사람은 언젠가는 실패하는 거죠."

그러자 엄마가 다시 물었습니다.
"그럼 성공과 실패의 차이는 뭐라고 생각해?"

"큰 차이가 없는 것 같아요,
성공이랑 실패도 그냥 '가위바위보' 같은 거예요.
이기면 성공, 지면 실패인 것처럼요."

엄마는 궁금해서 다시 아들에게 물었습니다.
"그럼 결국 성공한 사람이랑
실패한 사람은 차이가 전혀 없는 걸까?"

"없는 것 같아요.
둘 다 무언가를 위해 노력한 거니까요.
실패한 사람은 노력했으니까 잘한 거고,
성공한 사람은 목표를 이루어서 잘한 거로 생각해요.
그러니까 결과적으로는 둘 다 잘한 거예요."

대부분의 사람들은
성공을 최고의 가치로 여기며,
실패가 두려워서 도전하기를 주저합니다.

하지만 아이의 말처럼

실패도, 성공도 모두 의미가 있다는 것을 알아야 합니다.

성공하기까지는 항상 실패를 거친다.

- 미키 루니 -

087

육상 소녀의 꿈

2024년 4월, 강원소년체육대회가 열렸습니다.

이번 대회의 80m 달리기 종목에서

금메달을 목에 건 초등학교 4학년인 조서연 양.

지금 다니는 학교는 육상부가 없어서

제대로 된 육상 교육을 받은 적이 없었는데도

대회에서 우승하며 전국대회에 나서게 됐습니다.

그동안 힘든 시절이 없었던 것은 아닙니다.

지난해에는 집이 화재로 전소되어

가족들은 원룸에서 생활해야 했습니다.

어려운 가정 형편으로 육상을 포기해야 할지

고민도 많이 했다고 합니다.

하지만 끝까지 희망의 끈을 놓지 않았습니다.

결국 학교 체육부장 교사의 도움으로 열심히 연습한 결과

대회에서 우승할 수 있었습니다.

조서연 양은 한 매체와의 인터뷰에서 당당하게 말했습니다.

"저는 트랙을 뛸 때 기분이 좋아져요.

그래서 힘든 게 있어도 잊어버릴 수 있었어요."

서연 양은 꿈을 향해서 노력하고 있습니다.

그리고 이제는 혼자가 아닙니다.

서연 양의 뒤지지 않는 열정을 응원해 주는

많은 사람들이 있습니다.

트랙 위를 힘껏 달릴 수 있도록….

모든 사람들은 마라톤보다 훨씬 긴

인생이라는 마라톤을 혼신의 힘을 다해 달리고 있습니다.

완주의 과정에서 수많은 역경과 고난을 만나게 되며,

때로는 길이 험하다고, 자기 능력이 부족하다고

좌절하기도 합니다.

하지만 우리는 그 역경을 극복할 방법을

생각할 수 있는 존재이기도 합니다.

그래서 중요한 건, 좌절의 여부가 아니라

'어떻게 딛고 일어서느냐'입니다.

인생에서 진정으로 값진 승리는

자신과의 싸움에서 끝까지 포기하지 않고

나에게 주어진 인생의 완주라는 목표를 이루는 것입니다.

❝ 오늘의 명언 ❞

꿈을 가져라. 계획을 세워라.
그리고 그것을 향해 나아가라.
약속하건대, 당신은 거기에 이를 것이다.

– 조 코플로비츠 –

088

우리에게
불가능은 없다

1987년 두 다리가 없이 태어나자마자
부모에게 버림받은 '제니퍼 브리커(Jennifer Bricker)'는
다행히도 미국 일리노이주의 평범한 한 가정에 입양됐습니다.
양부모는 그녀를 남들과 다르게 키우지 않았습니다.
'홀로서기'를 바란 양부모의 지원 속에
제니퍼는 보조 기구 없이 두 팔로 뛰는 방법을 배웠고
소프트볼, 농구 선수로 활약하는 등
독립심 강한 소녀로 자랐습니다.

"부모님은 나를 특별하게 대하지 않았다.
그래서 나는 내가 다르다는 생각에 사로잡히지 않을 수 있었다."

그녀의 인생을 바꾼 결정적인 계기가 있었는데
그건 1996년 애틀랜타 올림픽이었습니다.
제니퍼는 루마니아 체조선수인 '도미니크 모치아누'의
연기에 반해 체조선수가 되겠다고 결심하게 됩니다.

주위의 우려 섞인 시선에도
가족의 전폭적인 응원을 받으며
제니퍼는 전미 청소년 체육대회 지역 예선 1위,
전국대회 4위 등 기적을 이뤄냈습니다.

그런데 한참 뒤에 충격적인 사실을 알게 되었습니다.
'제니퍼'가 롤모델로 여긴 '도미니크'가
친언니라는 사실이었습니다.
체조선수였던 제니퍼의 친부는 가혹한 사람이었습니다.
언니 도미니크처럼, 동생 제니퍼도 체조선수로 키우려고 했지만
장애를 갖고 태어나자 매정하게 입양을 보낸 것이었습니다.

사실을 알게 된 제니퍼는 도미니크에게 편지를 썼고
막냇동생 크리스티나까지 헤어졌던 세 자매는
2008년 다시 만날 수 있었습니다.

그리고 2016년, 자신의 이야기를 쓴
'모든 것이 가능하다'를 펴냈고,
이 책을 읽고 팬이 된 남성과 2019년 결혼을 했습니다.

우리에게 불가능은 없습니다.
다만, 조금 힘든 상황과 조건만 있을 뿐입니다.
물론 남들보다 출발점이 다르고 어려운 상황이라면
더 많은 힘을 들여야겠지만, 꿈을 포기하지 않고
꾸준히 노력한다면 결국 성공이라는 열매가 함께 할 것입니다.

위대한 일을 위해서 대단한 도전을 요구하지 않습니다.
단지 순간순간의 작은 도전들이 모여서
위대한 일을 이루어갑니다.

66 오늘의 명언 99

나에게 두 다리가 없다는 사실을 알았지만
그것이 내가 하고 싶은 일을 하지 못하도록 막을 수는 없었다.

- 제니퍼 브리커 -

089

근심·걱정이
없는 사람은 없다

노먼 빈센트 필(Norman Vincent Peale).
목사, 작가, 긍정적 사고의 창시자,
자기 계발 동기부여가 등 수없이 많은 호칭을 가진 그는
세계적인 동기부여 연설가입니다.

그는 어느 날, 옛 친구 한 명을 우연히 길에서 만났습니다.
그런데 그 친구는 표정이 어둡고 잔뜩 낙담해 있었으며
자신이 처한 비참한 상황을 노먼에게 늘어놓았습니다.
"나는 불행한 인생을 살고 있는 것 같아.
어떻게 하면 이 고통에서 빠져나갈 수 있을까?
너무 힘들어서 이제는 지쳐버렸어."

노먼은 부정적인 생각에 빠진 친구에게
도움을 주고 싶어 말했습니다.
"내가 어제 어떤 곳에 가보았는데
거기 있는 수천 명의 사람들은
모두 근심·걱정 없이 평화롭게 있더라고.
혹시 자네도 그곳에 가보겠나?"

"그래? 그곳이 어딘가?
제발 나도 그곳으로 데려가 주게."

"사실 그곳은 공동묘지라네."

"뭐라고? 그게 대체 무슨 말인가?
공동묘지라니?"

친구는 화들짝 놀랐고,
그제야 노먼은 이유를 말해주었습니다.
"내가 알고 있는 한 근심·걱정이 없는 사람은
세상을 떠난 사람밖에 없기 때문이지.
그러니 이제 고민은 떨쳐버리고

 따뜻한 하루를 시작합니다

힘차게 살아가시게나."

단 한 번의 근심·걱정도 없이

인생을 살아가는 사람은 없습니다.

마음속은 아름다운 들판과 같아서

예쁜 꽃이 필 때도 있지만,

때로는 군데군데 잡초도 자라기 마련입니다.

내 안의 근심·걱정이

잡초와 같이 자라나지 않도록

늘 밝은 생각으로 힘차게 살아가야 합니다.

❝❝ 오늘의 명언 ❞❞

삶에서 아무 문제도 갖고 있지 않은 사람은
이미 경기에서 제외된 사람이다.

– 앨버트 허버드 –

090

넌
혼자가 아니야

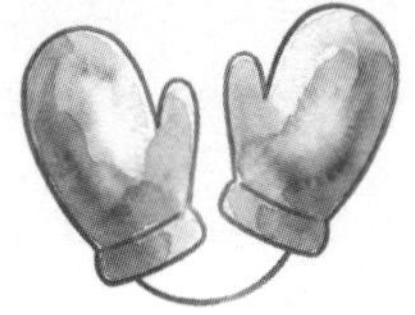

9월 10일은 세계 자살 예방의 날입니다.

매년 전 세계에서 수많은 사람들이 극심한 절망 속에

스스로 생을 마감하고 있습니다.

우리나라에서도 하루 평균 38명,

그중 가장 높은 비율이 청소년과 청년이라는 사실은

우리의 마음을 더욱 무겁게 합니다.

민규(가명) 씨 역시 그런 절망 속에 있던 한 소년이었습니다.

할아버지 그리고 가장 가까웠던 누나까지…

어린 나이에 감당하기 힘든 가족들의 연이은 죽음을 겪으며

민규 씨는 '세상이 나를 버렸다'라는

생각에 짓눌렸습니다.

영정 사진 앞에 서 있어도 실감이 나지 않았고,
마음 깊은 곳에서는 가족들을 따라가고 싶다는
충동이 끊임없이 일어났습니다.

여러 차례 스스로 삶을 끝내려 했던 그에게
남겨진 것은 '나는 혼자다'라는 고통뿐이었습니다.

하지만 그때,
한 노부부의 따뜻한 손길이 그를 붙잡았습니다.
'넌 혼자가 아니야'라며 손잡아 주고
연고도 없는 그에게 살 곳을 마련해 주고,
끝까지 곁을 지켜준 그분들의 따뜻한 위로는
민규 씨가 삶을 다시 이어갈 수 있는 큰 이유가 되었습니다.

지금 민규 씨는 자살 예방 강사로 활동하며
같은 아픔을 지닌 청소년들에게 희망의 이야기를 전하는데
상담 현장에서 아이들이 가장 많이 꺼내는 말이 있다고 합니다.
"선생님, 저 살고 싶어요."

아이들의 죽고 싶다는 외침은
오히려 누군가의 관심과 도움의 손길을 구하는
절절한 외침이었던 것입니다.

지금도 어딘가에 있을,
과거 민규 씨와 같은 이 땅의 청소년들이
혼자가 아니라는 사실을 확인하고
다시금 삶의 용기와 희망을 얻을 수 있도록 도와주세요.
여러분의 작은 응원의 손길이
방황하던 민규 씨가 그랬던 것처럼,
누군가에게는 다시 삶을 붙잡는
큰 힘이 될 수 있습니다.

❝ 오늘의 명언 ❞

슬픔이 그대의 삶으로 밀려와 마음을 흔들고
소중한 것을 쓸어가 버릴 때면 그대 가슴에 대고 말하라.
"이것 또한 지나가리라."

– 랜터 윌슨 스미스 –

091

내 모습
그대로 보여주자

영국에서 권위 있는 상 중 하나인
'휘트브레드 문학상(코스타 상)'은 1971년에 제정되었는데
비슷한 문학상인 '부커상'보다 좀 더
대중적 성격을 지닌 상입니다.
1987년도에 이 상을 받은 '크리스토퍼 놀란' 작가는
'시계의 눈 밑에서(Under the Eye of the Clock)'라는
자전적 소설로 수상하게 되었습니다.

그는 출생할 당시 산소 부족으로 인해서
뇌성마비 장애를 갖고 태어났습니다.
말할 수도, 몸을 움직일 수도 없었기 때문에

오직 눈으로만 의사 표현을 할 수 있었습니다.

그가 10살이 되던 해였습니다.
그에겐 특별한 의사소통 수단이 생기는데
바로 작은 막대기 하나였습니다.
이 작은 막대기를 이마에 붙여
알파벳 하나하나를 누르며 자기 생각을 전하기 시작했습니다.

그렇게 많은 시와 단편 소설을 쓰기 시작했는데
책의 한 페이지를 쓰는 데 보통 12시간이 걸렸다고 합니다.

'쓸모없는 육체를 가지고 있다'라고 말할 정도로
그에게 글을 쓴다는 건 힘겨운 작업이었습니다.
이런 그에게 어떻게 위대한 작가가 될 수 있었는지
물어보자 대답했습니다.
"주변 사람들이 나를 내 모습 그대로 받아줬기 때문입니다."

사람은 누구나 부족한 점을 가지고 있습니다.
그래서 이러한 부분을 자신의 약점이라 생각하고는
감추려고만 합니다.

하지만 자신의 부족함을 인정할 때

그 부분을 더 채우기 위해 노력하게 되고,

그 결과 불완전함이 성장을 위한

추진력이 되기도 합니다.

지금 당신이 가진 부족함과 약함을

숨기지 말고 있는 그대로 보여주세요.

약함을 인정하고 나아갈 때 더욱 강해집니다.

66 오늘의 명언 99

나를 있는 그대로 표현하자.
생각할 수 있는 것 이상으로 자신을 표현하려고 하지 마라.

- 닐스 보어 -

092

끝까지
인내하기

1932년, 미국에서 태어난 '빌 포터'는

뇌성마비로 몸 여기저기에 장애를 가지고 있었습니다.

오른손은 거의 사용할 수가 없었고,

구부정한 걸음걸이 자세와 어눌한 말투 때문에,

누구나 한눈에 그가 장애인이라는 것을 알 수 있었습니다.

장애가 있는 그는 취업도 쉽지 않았습니다.

번번이 거절당했는데, 방문판매원을 모집했던

'왓킨스(Watkins)'도 마찬가지였습니다.

실망감에 회사를 나온 빌 포터는

그를 기다리고 있는 어머니의 얼굴을 보고 나서

다시 한번 용기를 내어 회사로 들어갔습니다.

그리고는 이렇게 말했습니다.

"아무도 가려고 하지 않는 지역으로 보내주세요.

저를 가장 힘든 지역으로 보내주세요."

결국 취업을 했지만, 사람들은 장애가 있는 그에게

어떤 물건도 사지 않았습니다.

하루 종일 돌아다녔지만

한 개의 제품도 팔지 못했습니다.

힘든 몸과 마음을 달래려고,

길거리 벤치를 찾아 겨우 자리를 잡고

어머니가 싸주신 샌드위치 봉투를 열었습니다.

어머니가 싸주신 샌드위치에는 케첩으로

다음과 같은 글자가 적혀 있었습니다.

'PATIENCE(인내)'

그리고 뒷면에는 'PERSISTENCE(지속)'

즉 '끝까지 인내하기'라는 단어가 적혀 있었습니다.

그러던 중 어느 날, 일이 끝날 저녁쯤

항상 그를 데리러 오던 어머니가 오시지 않았습니다.

한참 동안 기다리던 그는 결국 혼자서

집으로 돌아갑니다.

집에 도착한 그는 어머니에게 심각한

건강상의 문제가 있다는 사실을 알게 되었습니다.

그건 어머니에게 치매 증상이 나타난 것이었습니다.

그는 더 이상 어머니가 자신을

돌봐줄 수 없을지도 모른다는 생각에 마음을 다잡고

홀로서기를 결심합니다.

그는 이후 하루도 빠짐없이

오전 8시부터 오후 6시까지 매일 15km의 거리를 걸으며

자신의 담당구역의 집들을

하나하나 찾아다녔습니다.

하루도 거르지 않고 매일 가정을 방문하여

고객에게 필요한 물건을 추천했습니다.

그 성실함을 이해한 사람들은 조금씩 그를 신뢰하고

물건을 사기 시작했습니다.

한결같은 그의 인내와 꾸준함 덕분에

그는 1989년 '왓킨스'의 올해의 판매왕이 되었고

현재까지도 깨지지 않고 있다고 합니다.

빌 포터는 실의에 빠져있는 사람들,

포기하려는 사람들,

자신의 처지를 비관하는 사람들에게

이렇게 말했다고 합니다.

"인내하고 또 인내하고

끝까지 인내하라."

모든 것을 인내로 대하는 사람만이
모든 것에 도전한다.

– 바우베낙스 –

093

인생은
단막극이 아니다

연극에서 한 장면이 끝나면 갑자기 불이 꺼집니다.

두터운 커튼이 내려오고 무대가 캄캄해집니다.

커튼 뒤에서 드르륵 바퀴 굴리는 소리,

뭔가 뚝딱거리는 소리도 들립니다.

저 커튼 뒤에는 방금 본 장면과는 다른 장면이

무대 위에 설정되고 있는 것입니다.

다시 커튼이 올라가고 불이 환하게 들어오면

새로운 장면이 열리고 무대에는 다른 인물이 나옵니다.

전 장면에서 보았던 그 배우가 다른 옷을 입고

다른 가발을 쓰고 다른 사람이 되어있습니다.

같은 사람이 다른 사람이 되었기 때문에

새롭게 웃고 떠들기도 합니다.

단막극은 장면 하나로 다양한 애환을

압축해 전개하지만, 연극은 그 장면이 훨씬 다양합니다.

소망이 없어 보이는 우울한 장면도 있지만,

웃음과 기쁨을 주는 장면도 있습니다.

언제 이전의 아픔이 있었냐는 듯 희망의 노래도 부릅니다.

인생은 단막극이 아닙니다.

이번 막에서는 바닥에 쓰러져 있는 배역이라도

커튼이 내려왔다 올라가 다음막이 펼쳐지면

즐겁고 행복하게 웃는 배역이 될 수도 있습니다.

인생이라는 연극도 다양한 장면을 통해

계속 발전해 가는 것입니다.

❝ 오늘의 명언 ❞

인생은 3막이 고약하게 쓰인 조금 괜찮은 연극이다.

– 트루먼 카포트 –

094

살다 보면
당황스러울 때가 있고
놀랄 때도 있다

어린 시절 부모님이 아끼는 물건을 떨어트려
깨버린 아이는 혼날 것을 걱정합니다.
그 걱정의 근원에는 부모님의 사랑이 자신에게서
멀어질지도 모른다는 두려움이 자리 잡고 있기 때문입니다.

아이는 정말 왜 이런 일이 나에게 일어났는지
억울하고 이해가 가지 않습니다.
그것이 아이 인생의 모든 것을 뿌리째 흔들고
뽑아버릴 수도 있는 큰 위기가 될 수도 있습니다.

하지만 아이가 진정으로 두려워하는 일,

아이를 향한 부모님의 사랑이 사라지는 경우는

절대로 벌어지지 않습니다.

성인이 된 당신에게 찾아올 위기에서도

정신을 가다듬고 마음을 정돈하며 붙들어야 합니다.

살다 보면 당황스러울 때가 있고 놀랄 때도 있습니다.

가슴 졸이며 공포감에 사로잡히기도 합니다.

때론 잘못했을 때도 있고 억울할 때도 있습니다.

그런데 삶의 어려움은 실체 이상으로

확대된 그림자처럼 다가옵니다.

하지만 우리가 걱정하는 일은 생기지 않습니다.

마음의 상실은 작은 좌절에도

전의를 잃고 스스로 무너지게 합니다.

마치 담력이 약하고 배움과 이해기 부족했던

어렸던 시절처럼,

어두운 길을 걸을 때

자신의 그림자와 발자국 소리에 스스로 놀라

소리친 적도 있을 것입니다.

실체가 없는 두려움은

우리를 한없이 작아지게 하고

길을 걷지 못하게 합니다.

담대하게 나아가야 합니다.

마음에 드리운 그림자를 몰아내는 것은

당신의 올곧은 마음입니다.

힘든 일이 있어도 두려워하지 말고

담대하게 나아감으로

승리하는 우리가 되어야 합니다.

세상에 기쁨만 있다면
우리는 담대함과 인내하는 법을
결코 배울 수 없을 것이다.

– 헬렌 켈러 –

095

아름다움은
영원히 남는다

프랑스 인상파 화가 피에르 오귀스트 르누아르.

'뱃놀이 일행의 오찬', '물랭 드 라 갈레트의 무도회' 등

특유의 분위기로 많은 사랑을 받는 화가입니다.

르누아르는 1841년, 재봉사의 아들로 태어났습니다.

집안이 가난해서 12살 때부터 도기 공방에서

일을 하며 돈을 벌어야 했습니다.

도기 공방에서 르누아르가 하는 일은

도자기에 그림을 그려 넣는 일이었습니다.

하지만 산업이 한창 성장하던 그 시기에,

도자기에 그림을 붙여 넣는 기계가 발명되면서

결국 직업을 잃어야 했습니다.

일자리를 잃은 후 자신이 잘하는
화가의 길로 본격적으로 뛰어들었습니다.
그리고 르누아르의 그림을 보고 있으면 언제든지
일광욕을 할 수 있다는 극찬을 받을 정도로
뛰어난 빛과 색을 뽐내는 세계 최고의
색채 화가로 이름을 떨쳤습니다.

나이를 먹은 르누아르는 심각한
신경통 때문에 붓을 들 수 없을 정도였지만
창작 활동을 멈추지 않았습니다.

손가락이 움직이지 않을 때는
붓을 팔목에 붙들어 매고 그림을 그렸습니다.
그마저도 여의치 않을 때는 붓을 입에 물고 그렸는데
그 모습에 감동한 한 사람이 어떻게 이런 명작을
그릴 수 있는지 물었습니다.

"그림은 손으로 그리는 것이 아닙니다.

그림은 눈과 마음으로 그려야 합니다.

교만한 붓으로 그린 그림은 생명력이 없습니다.”

목표를 향해 달려가던 중 예기치 못한

장벽 앞에서 좌절하기도 합니다.

이때 나약한 자신을 탓하게 만들기도 하고

그 한계 앞에 두려움을 갖게 합니다.

하지만 한계가 느껴질 때 더 인내하는 시간으로

더 열정을 쏟아야 할 때라고 생각해 본다면

넘지 못할 산이 없듯 나를 가로막을

한계도 없을 것입니다.

66 오늘의 명언 99

인생의 고통은 지나가 버리지만,
아름다움은 영원히 남는다.

- 르누아르 -

096

마지막
잎새

미국의 작가 오 헨리(O. Henry)의 파란만장한 삶은
그의 작품 활동에 많은 영향을 끼쳤습니다.

세 살 무렵 결핵을 앓던 어머니가 돌아가셨고,
결혼하여 낳은 아들도 태어나자마자 세상을 떠났습니다.
그는 경제적으로도 어려워 여러 직업을 전전했습니다.
목장 일꾼으로 일하거나 도면을 그리는 제도사,
기자와 우체국에서 작가로도 일했습니다.

일찍이 창간한 여덟 쪽짜리 주간 유머 잡지
'롤링 스톤(Rolling Stone)'은

대중에게 인정받지 못해 이듬해 폐간하였으며,
은행원으로 일할 때는 돈 계산을 잘못하여
공금횡령죄로 3년 동안 수감생활을 하기도 했습니다.

그가 겪은 삶의 우여곡절은 그의 소설 속에서
애환과 감동으로 서려 훗날 많은 독자에게
사랑받는 원동력이 됩니다.

그중 1905년에 발표한 '마지막 잎새'는
폐렴으로 죽음을 앞둔 화가 지망생 존시의 이야기입니다.

"넝쿨의 마지막 한 잎이 떨어지면
나도 떠나게 될 거야…"

존시는 창밖의 담쟁이넝쿨과
자신을 동일시하며 삶을 비관하였습니다.
그런 어느 날 밤새 돌풍을 동반한
세찬 비가 쏟아졌는데도 다음 날 창문 밖에는
담쟁이넝쿨 잎사귀 하나가 벽돌담에 남아 있었습니다.
넝쿨에 붙어 있는 마지막 잎새였습니다.

존시는 잎새를 보고 삶의 의욕을 되찾아

병세가 호전되지만, 사실 담쟁이넝쿨의 마지막 잎새는

이웃을 소중히 챙겨 오던 무명 화가였던

베이먼 노인이 그린 그림이었습니다.

일체유심조(一切唯心造)

세상만사 모든 일들은 마음먹기에 달려 있습니다.

생각은 무게 추와 같이

삶의 저울을 행복이나 불행으로 기울게 합니다.

비록 역경에 봉착해 있더라도

마음이 꺾이지 않는다면 어떠한 미래도 그릴 수 있습니다.

66 오늘의 명언 99

세상은 고난으로 가득하지만,
고난의 극복으로도 가득하다.

- 헬렌 켈러 -

097

암도
꺾을 수 없는 의지

2023년, 고등학교를 졸업하고
서울대 역사학부에 합격한 이현우(19) 군의
특별한 사연이 있습니다.

그는 지난 2021년 동생이 백혈병 선고를 받은 후
혹시나 해서 받은 검사에서 침샘암의 일종인
'이하선암 4기' 판정을 받았습니다.
그것은 귀밑 침샘에 암세포가 발생하는 병으로
수술의 부작용으로 확률상 70% 안면마비가
올 수 있을 만큼 심각했습니다.

"공부가 손에 잡히지 않았어요.

수술 후에 어떤 모습으로

살아가게 될지 몰라서요."

이현우 군은 고3 수험생이 되었고

고향인 제주도를 떠나서 서울에서 수술하고,

4월부터는 한 달 반가량 방사선 치료를 받았기 때문에

대입 준비는 쉬운 일이 아니었습니다.

또한 방사선 치료 후유증으로

수시로 코피가 났고, 목의 통증 탓에

식사할 때도 고통이 따랐습니다.

하지만 이현우 군은 포기하지 않았습니다.

공부에는 왕도가 없다는 말이 틀리지 않듯

교육 방송만 들으며 하루 13시간씩 학업에 매진했습니다.

결국 암 투병 중에도

제주제일고 문과 전교 1등으로 졸업하였으며,

서울대에도 당당히 합격한 이현우 군은

가히 인간승리라고 할 수 있습니다.

 따뜻한 하루를 시작합니다

인생이라는 여정 가운데는 수많은 일이 일어납니다.

그러나 좋은 일도, 나쁜 일도 어떻게 마음먹느냐에 따라

자신의 사명으로 삼을 수도,

좌절의 씨앗이 될 수도 있습니다.

현재 처한 역경과 상황을 탓하기보다

최선을 다한다면 돌파구는 나오기 마련입니다.

역경을 극복하는 것은

오직 자신에게 달려 있습니다.

66 오늘의 명언 99

고난과 역경에 처할지라도 마음의 여유를 잃지 않고
미소 짓는 삶의 자세야말로 운명을 역전시키는
기적의 비밀이다.

– 헤르만 헤세 –

098

고토리의
별

북한의 기습남침으로 시작된 6.25 전쟁.

낙동강까지 밀려났던 국군은 인천상륙작전 이후,

연합군과 함께 반격에 성공하여 평양 너머까지 진격합니다.

그러나 중공군이 개입하며

전쟁은 새로운 양상으로 전개됩니다.

11월 27일,

함경남도 장진군 유담리에 진격한 미 제1해병사단이

중공군에게 공격받으면서 '장진호 전투'가 시작되었습니다.

역사상 가장 추운 전쟁터.

전사자보다 동사자가 더 많은 전투라고 불리는
장진호 전투의 과정은 그야말로 끔찍했습니다.

최저 영하 45°의 지옥 같은 한파와 눈보라.
그리고 수류탄을 들고 인해전술로 달려드는 중공군.
결국 10배에 달하는 적 병력에 포위되어
공격과 돌파, 후퇴를 반복하던
미 해병대는 장진군 고토리에 집결하여
퇴각을 준비했습니다.

12월 7일 밤,
미 해병대원들은 얼어붙은 몸을 비비며
날이 밝기를 기다렸습니다.
그들이 바라는 것은 오직 하나,
'내일'뿐이었습니다.

영혼도 얼어붙는 혹한 속에
내일 떠오르는 태양을 볼 수 있다는 보장은
어디에도 없었습니다.

눈을 뜨면 얼어붙은 땅이 자신에게 쏟아지는 것 같았습니다.

눈을 감으면 중공군이 달려드는 것 같았습니다.

어차피 모두 죽을 것이라는 포기와 절망이

모두를 휘감았습니다.

그때 먹구름이 흩어지더니,

너무나도 밝은 별 하나가 나타났습니다.

모든 것이 얼어붙은 차갑고 새카만 겨울밤,

그 별은 눈이 부실 정도로 밝고 영롱하게

빛나고 있었습니다.

그 별을 바라보는 모든 미 해병대원들은

갑자기 희망과 용기를 되찾았습니다.

'별이 밝은 것을 보니 내일은 날씨가 맑을 것이다.

그러면 안전하게 퇴각할 수 있을 거야!'

갑자기 떠오른 별 하나를 보며

아무 이유 없이 절망을 떨쳐버리고 희망을 보았습니다.

그리고 다음 날 바로 그 역사상 유명한

'흥남철수'가 시작되었습니다.

그날의 별을 장진호 전투의 상징으로 삼아
'고토리의 별(Star of Koto-ri)'이라고 부릅니다.
2017년에 미국 버지니아주 콴티코 소재
미 해병대 박물관에 장진호 전투 기념비를 제막했는데,
석비 상단에 고토리의 별이 있습니다.

고토리의 밤하늘에 빛났던 별은
절망을 희망으로 바꾸고 위대한
기적을 이뤄냈습니다.

66 **오늘의 명언** 99

삶이 있는 한 희망은 있다.

- 키케로 -

099

아직
끝나지 않았다

1908년, 독일 베를린의 한 호텔에서
20살밖에 안 된 젊은 청년이 자살을 시도하고 있었습니다.

하던 일이 크게 실패하여 채권단에게 쫓기던 청년은
절망감과 외로움과 배고픔을 견디다 못해
결국 극단적인 선택을 하게 된 것입니다.
먼저 건물의 옥상으로 올라가 투신을 시도했는데
지면에 충돌할 때 느낄 고통이 너무 심할 것 같아
호텔 욕실에서 목을 매기로 했습니다.

허리띠를 풀어 목욕탕 고리에 걸고,

의자 위에 올라가 목을 매단 후 의자를 발로 차버렸습니다.
그런데 허리띠가 낡아 끊어지는 바람에
그냥 바닥에 처박혀 버렸습니다.

바닥에 잠시 누워있던 청년은
그 순간 자신이 다시 태어났다는 것을 느꼈습니다.
'내가 죽다 살아났구나! 다행이다!'

그렇게 밖으로 나가 보니 조금 전과는 달리
모든 것이 희망차 보였습니다.
'그래, 한번 열심히 살아보자.'

그리고 그 청년은 20세기 최고의 피아니스트 중
한 명이 되었는데, 바로 쇼팽 음악의 최고 권위자인
'아르투르 루빈스타인'입니다.

살다 보면 모든 것이 끝난 것 같고
더 이상 방법이 없어 보일 때가 있습니다.
하지만 아직 끝나지 않았습니다.

그래서 끝까지 놓지 말아야 하는 것이 있습니다.

그것은 바로 희망입니다.

삶은 놀라운 것이었다.
세상은 살 만한 것이었다.
설령 감옥에 갇혔거나 병들어 누워있다 하더라도….
나는 지금까지도 강하게 믿고 있다.
삶은 그것이 좋은 것이든 나쁜 것이든 관계없이
사랑할 만한 것이라고….

– 아르투르 루빈스타인 –

100

밀물을
기다리는 배

앤드루 카네기는 스코틀랜드 던펌린의

가난한 집안에서 태어나 14세에 가족들과 함께

미국으로 이주해 왔습니다.

학교 공부라고는 4년간 받은 것이 전부였던 그는

젊은 시절 집집마다 돌아다니며

방문판매를 하고 있었습니다.

어느 날 한 노인이 집을 방문하였는데

그 집을 들어서자마자 그를 완전히 압도해 버린 것은

벽 한가운데 걸린 그림이었습니다.

특별히 유명한 화가가 그린 그림도 아니고
오래된 골동품 그림도 아니었습니다.
그렇다고 화려함과 아름다움으로 감동을 주는
그림도 아니었습니다.

썰물로 바닥이 드러난 쓸쓸한 해변에 초라한 나룻배 한 척이
쓰러질 듯 놓여있는 모습은
어딘지 우울한 기분마저 느끼게 하는 그림이었습니다.

그런데 그 그림 밑에는 이렇게 쓰여 있었습니다.
‘반드시 밀물 때는 온다.
바로 그날, 나는 바다로 나갈 것이다.
(The high tide will come. On that day, I will go out to the sea.)’

그림과 글에 압도당한 그는 그 그림으로 인하여
집에 돌아와서도 잠을 이룰 수 없었습니다.
그리고 28세가 되던 어느 날 다시 노인을 찾아가서
세상을 떠나실 때에는
그 그림을 자신에게 달라고 부탁했습니다.
그의 간곡한 부탁에 노인은 그림을 줬습니다.

그리고 평생 그 그림을 가까이 두고서는
'반드시 밀물 때는 온다'라는 글을
자신의 생활신조로 삼았다고 합니다.

'포기하지 않고 버티는 자가 이기는 자다',
'버티기만 해도 잘하는 것이다'라고 흔히 말합니다.
모두가 힘들고 어려운 시기입니다.
하지만 썰물이 있으면 반드시 밀물의 때가 옵니다.
내리막길이 있으면 오르막길이 있고,
밤이 있으면 낮이 있는 법입니다.

지금의 나의 상황이 썰물같이 황량하다 해도
낙심하지 말고 밀물 때가 올 것을 기다리면서
노를 젓기 위한 준비를 하는 사람만이
성공할 수 있습니다.

66 오늘의 명언 99

> 누구든지 좋은 기회를 만난다.
> 다만 그것을 포착하는 시기를 맞추기 어려울 뿐이다.
>
> - 앤드류 카네기 -

ㄸ다뜻한 하루를 시작합니다

초판 1쇄 인쇄 · 2026년 4월 3일
초판 1쇄 발행 · 2026년 4월 27일

지은이 · 따뜻한하루(김광일, 김찬영, 이가비)
펴낸이 · 이종문(李從聞)
펴낸곳 · 국일미디어

등   록 · 제406-2005-000025호
주   소 · 경기도 파주시 광인사길 121 파주출판문화정보산업단지(문발동)
          서울시 중구 장충단로8가길 2, 2층
영업부 · Tel 02)2237-4523 | Fax 02)2237-4524
편집부 · Tel 02)2253-5291 | Fax 02)2253-5297

평생전화번호 · 0502-237-9101~3

홈페이지 · www.ekugil.com
블 로 그 · blog.naver.com/kugilmedia
페이스북 · www.facebook.com/kugilmedia
E-mail · kugil@ekugil.com

· 값은 표지 뒷면에 표기되어 있습니다.
· 잘못된 책은 구입하신 서점에서 바꿔드립니다.

ISBN 978-89-7425-674-6(03190)